kleine
Süße Sachen

VIEL
SPASS
BEIM
BACKEN

kleine Süße Sachen

Cookies, Mini-Kuchen, Plätzchen

Text und Fotografie: Annik Wecker

Klein, fein – und unglaublich lecker!

Cookies, Plätzchen und Mini-Kuchen sind die Stars in meiner Küche: Bei den leckeren Kleinigkeiten kann ich mich in vielerlei Hinsicht ausleben. Zum einen lässt sich Kleingebäck unglaublich gut durch Variation der Aromen, Füllungen und Beläge verwandeln, zum anderen kann ich mit Hingabe meiner Leidenschaft fürs schöne Dekorieren und Verpacken freien Lauf lassen. Meine Familie musste diesmal auch nicht so sehr unter meiner Backwut leiden wie manchmal in der Vergangenheit, denn Plätzchen sind ja Gott sei Dank ziemlich lange haltbar und warten geduldig, bis jemand Lust darauf hat, sie aufzuessen.

Kurzum: Die Arbeit an diesem Buch hat mir besonders viel Freude gemacht. Und das, obwohl das Fotografieren bei der großen Kälte im Februar mir fast noch mehr Einsatz abverlangt hat wie die Sommerhitze bei der Eisfotografie des letzten Jahres. Ich friere nun einmal äußerst ungern!

Bei Plätzchen und Mini-Kuchen denken viele zu allererst an die Weihnachtsbäckerei. Das ist aber nur eines von fünf Kapiteln, denn es wäre schade, nur zum Christfest Kekse zu backen und zu essen – sie schmecken nämlich das ganze Jahr! So fange ich im ersten Kapitel mit den Klassikern an: Da gibt es Florentiner und Makronen, Shortbread und Löffelbiskuits, Madeleines und natürlich ganz viele Mürbeteigplätzchen.

Die Haferflockenkekse, Müsliriegel und Cookies für zwischendurch, ohne besonderen Anlass, sind meist schnell gemacht. Ihnen ist deshalb das zweite Kapitel gewidmet. Für festliche Anlässe und Feiertage darf es etwas aufwendiger sein: Gefüllte Tarteletts, Cupcakes mit verschiedenen Toppings und Petit Fours beispielsweise lassen einem die Qual der Wahl. Auch Ostergebäck findet sich im dritten Kapitel.

Egal, ob Frühstückskaffee oder Nachmittagstee oder sonntägliche Kaffeetafel – kleine Kuchen und Mini-Gebäck sind das passende Fingerfood

dafür. Ihnen ist das vierte Kapitel gewidmet. Die Weihnachtsbäckerei bildet den krönenden Abschluss. Hier dürfen die Kindheitslieblinge Zimtsterne, Vanillekipferl und Lebkuchen natürlich nicht fehlen. Für einen abwechslungsreichen Plätzchenteller habe ich aber auch Rezepte für Dominosteine, Rumkugeln und Marzipankartoffeln dazugepackt. Es ist für jeden Geschmack etwas dabei.

Im Anhang habe ich Informationen und Tipps rund ums Plätzchenbacken zusammengetragen. Dort erzähle ich auch etwas über das richtige Handwerkszeug und gebe meine Einkaufsadressen preis. Außerdem habe ich noch ein paar Rezepte für leckere Füllungen dazugepackt, mit denen man aus einfachen Mürbeteigkeksen schnell etwas ganz Besonderes zaubern kann.

Lesen Sie bitte auf jeden Fall die Erläuterungen auf der nächsten Seite. Die Informationen dort erleichtern Ihnen den Einstieg ins Backen. Dann kann es aber sofort losgehen. Viel Freude beim Backen und gutes Gelingen!

Ihre
Annik Wecker

So gelingt jedes Rezept

Zutaten

+ Wenn nicht anders angegeben, sollten alle Zutaten Zimmertemperatur haben.
+ Immer Zitronen und Orangen aus biologischem Anbau für abgeriebene Schale verwenden.
+ Die Rezepte wurden, soweit nicht anders angegeben, mit Bio-Eiern der Größe L gebacken.
+ Die Eier, vor allem für Füllungen und Cremes, die nicht mehr gebacken werden, müssen unbedingt ganz frisch sein.
+ Die Prozentangabe hinter der Schokolade bezeichnet den Kakaoanteil der verwendeten Sorte.
+ Mehr zu den Mehlsorten erfahren Sie in den Basics (Seite 184).
+ Butter zum Ausbuttern der Formen und Mehl für die Arbeitsfläche werden bei den Zutaten nicht gesondert aufgeführt.
+ Alkohol kann beim Backen für Kinder einfach weggelassen werden. Gegebenenfalls durch ein anderes Aroma (Zitrone, Orange, Vanille, Zimt) ersetzen.

Handwerkliches

+ Gerührt und geknetet werden Massen und Teige mit dem Handrührgerät (Rührstäbe und Knethaken) oder der Küchenmaschine.
+ Ausgerollt wird Teig mit einem Nudelholz auf der bemehlten Arbeitsfläche oder zwischen zwei Lagen Frischhaltefolie bzw. Backpapier.
+ Die Rezepte wurden – soweit nicht anders angegeben – alle mit 1 Backblech und bei Ober-/Unterhitze gebacken. Wer es eilig hat, kann auch mehrere Bleche gleichzeitig mit Umluft (Temperatur gegenüber Ober-/Unterhitze minus 20 °C!) backen. Das Backergebnis fällt allerdings nicht so einheitlich aus. Deswegen die Bleche auf den Einschüben austauschen.
+ Kuchen lässt man zunächst ein paar Minuten in der Form abkühlen, löst dann mit einem Messer den Rand, stürzt den Kuchen heraus und setzt ihn zum vollständigen Abkühlen auf ein Kuchengitter.

+ Plätzchen können, soweit nicht anders angegeben, auch auf dem Backpapier abkühlen und dann erst gelöst werden.
+ Kuchen und Kekse mit fester Cremefüllung müssen bis zum Servieren in den Kühlschrank.
+ Gebäck mit weicher Füllung muss sofort serviert werden, sonst weicht es durch.

Backtechniken

Gartest Ein Holzstäbchen oder einen Zahnstocher in die Mitte des Backwerks stechen. Bleibt kein Teig mehr daran haften, ist der Kuchen gar.

Wasserbad Zum Schmelzen von Schokolade oder Aufschlagen von Cremes wird häufig über dem Wasserbad gearbeitet. Dazu nicht zu viel Wasser in einem Topf erhitzen und die Temperatur so regeln, dass das Wasser siedet, aber nicht kocht. Die Zutaten kommen in eine Metallschüssel, die genau auf den Topf passen sollte. Der Boden der Schüssel darf nicht mit dem Wasser in Berührung kommen – das Erhitzen erfolgt nur durch den Wasserdampf. Zum Aufschlagen und Umrühren je nach Rezept Schneebesen, Teigspatel oder Holzlöffel verwenden.

Zur Rose abziehen Cremes auf Eigelbbasis werden dabei unter ständigem Rühren über dem Wasserbad erwärmt. Eine Creme ist fertig, wenn sich Wellen und Kreise bilden, die Ähnlichkeit mit einer Rose haben, wenn man etwas davon mit einem Kochlöffel abnimmt und daraufbläst.

Schokolade temperieren Drei Viertel der verwendeten Schokolade hacken und unter Rühren über dem Wasserbad schmelzen lassen, bis eine Temperatur von 45–50 °C erreicht ist. Dann nimmt man die Schüssel vom Wasserbad, gibt den Rest der Schokolade dazu und schmilzt diesen unter Rühren in der heißen Masse, bis die Schokolade eine Temperatur von etwa 31 °C hat.

Ganz klassisch

Mini-Schweineohren

🌱 Blätterteig ausrollen und quer halbieren. Beide Hälften mit der zerlassenen Butter bepinseln und mit dem Zucker bestreuen. Die Platten von beiden kurzen Seiten her zur Mitte aufrollen, sodass sich die Rollen in der Mitte treffen. In Frischhaltefolie wickeln und 30 Minuten in den Tiefkühler legen.

🌱 Backofen auf 190 °C Ober-/Unterhitze vorheizen. Ein Backblech mit Backpapier auslegen. Blätterteig mit einem Wellenschliffmesser in 1 cm dicke Scheiben schneiden und auf das Backpapier legen. Auf mittlerer Schiene in 12 Minuten goldbraun backen.

Tipp Wer mag, verwendet aromatisierten Zucker zum Bestreuen, z. B. Orangen- oder Zimtzucker.

Für etwa 30 Stück
Zubereitung: +
1 Rolle Fertig-Blätterteig
   (275 g)
40 g Butter, zerlassen
6 EL Zucker

Foto Seite 8/9

Cookies mit Schokoladen- und Nussstückchen

🌱 Butter mit braunem Zucker, Zucker und Vanille schaumig schlagen. Eier einzeln dazugeben und gut einrühren. Mehl mit Backpulver und Salz in eine Schüssel sieben. Zur Butter-Ei-Masse geben und alles zu einem homogenen Teig rühren. Schokoladenchips und Nusskerne unter den Teig heben. Mindestens 1–2 Stunden (bis zu 3 Tage möglich) im Kühlschrank ruhen lassen, dann lässt er sich besser verarbeiten.

🌱 Backofen auf 180 °C Ober-/Unterhitze vorheizen. Ein Backblech mit Backpapier auslegen. Aus dem gekühlten Teig kleine Kugeln formen und auf das Backpapier legen oder mithilfe von zwei Löffeln Häufchen machen. Etwas Abstand lassen. Auf mittlerer Schiene 12–14 Minuten backen. Herausnehmen und auf einem Kuchengitter abkühlen lassen.

Tipp Am schnellsten gelingen die Cookies, wenn man mit einem Eiskugelportionierer Kugeln formt. Das hat außerdem den Vorteil, dass die Kekse gleich groß werden.

Für 40–50 Stück
Zubereitung: +
225 g weiche Butter
160 g brauner Zucker
160 g Zucker
¼ TL gemahlene Vanille
2 Eier
300 g Mehl
1½ TL Backpulver
½ TL Salz
280 g Schokoladenchips
100 g gehackte Nusskerne (z. B. Wal- oder Pekannusskerne)

Foto rechts

HAPPY HAPPY JOY
SAFE KEEPING

Gefüllte Waffeln

ohne Backofen

Für den Teig Mehl in eine Schüssel geben und eine Mulde in die Mitte drücken. Die Hefe hineinbröckeln und 1 EL Zucker (20 g) darüberstreuen. 125 ml Wasser darübergießen und alles gut verrühren, sodass die Hefe sich auflöst. Abdecken und 20 Minuten gehen lassen.

Restlichen Zucker (50 g), Ei, Butter, ½ TL Zimt und 1 Prise Salz dazugeben. Alles zu einem geschmeidigen Teig verkneten. Je länger geknetet wird, desto besser geht der Teig später auf. Abdecken und an einem warmen Ort 1 Stunde gehen lassen. Der Teig sollte sein Volumen verdoppeln.

Ein flaches Waffeleisen (für Eiswaffeln) vorheizen. Aus dem Teig 60 kleine Kugeln formen. Im Waffeleisen zu kleinen, runden Waffeln backen. Waffeln abkühlen lassen.

Für die Füllung einen großen Topf mit schwerem Boden erhitzen. Bei mittlerer Hitze den braunen Zucker nach und nach einrieseln lassen, bis er karamellisiert. Butter dazugeben und schmelzen lassen. Sahne, 1 Messerspitze Salz, restlichen Zimt (½ TL) und den Ahornsirup ebenfalls in den Topf geben und unterrühren. Vom Herd nehmen und etwas abkühlen lassen.

Je 1 TL Füllung auf 1 Waffel geben, verstreichen und eine zweite Waffel daraufdrücken. Ganz abkühlen lassen.

Für etwa 30 Stück
Zubereitung: +++
500 g Mehl
10 g frische Hefe
   (oder ½ Päckchen
   Trockenhefe)
70 g Zucker
1 Ei
125 g Butter, zerlassen
1 TL gemahlener Zimt
Salz
150 g brauner Zucker
50 g Butter
50 g Sahne
1 EL Ahornsirup

Cantuccini

Den Backofen auf 175 °C Ober-/Unterhitze vorheizen. Die blanchierten Mandeln auf einem Backblech auf mittlerer Schiene 8 Minuten rösten, herausnehmen und abkühlen lassen. Die Backofentemperatur beibehalten. Ein kaltes Backblech mit Backpapier auslegen.

Mehl, gemahlene Mandeln, Backpulver, Salz und Zucker vermischen. Eier mit Milch und Bittermandelöl verquirlen. Eiermilch in die Mehlmischung rühren. Zum Schluss die ganzen Mandeln unterheben. Aus dem Teig drei gleich lange Rollen formen und auf das Backpapier legen. Auf mittlerer Schiene 30 Minuten backen. Backblech herausnehmen und die Temperatur auf 120 °C reduzieren.

Die Teigrollen mit einem Wellenschliffmesser schräg in 2 cm breite Streifen schneiden. Cantuccini wieder auf dem Backblech verteilen und in den Ofen schieben. Weitere 30 Minuten backen.

Zitronen-Cantuccini Bittermandelöl durch die abgeriebene Schale von 1 Zitrone und die Milch durch Zitronensaft ersetzen.

Für etwa 50 Stück
Zubereitung: +
200 g blanchierte Mandeln
260 g Mehl
125 g gemahlene Mandeln
1 TL Backpulver
1 Prise Salz
200 g Zucker
2 Eier
4 EL Milch
8 Tropfen Bittermandelöl

Polvoron

Backofen auf 150 °C Ober-/Unterhitze vorheizen. Ein Backblech mit Backpapier auslegen. Das Mehl auf das Backpapier sieben. Auf mittlerer Schiene 30 Minuten rösten, herausnehmen und abkühlen lassen. Temperatur im Ofen halten. Das Backblech erneut mit Backpapier auslegen.

Butter mit Puderzucker schaumig schlagen, Mandeln unterrühren und anschließend das Mehl und das Salz. Den Teig auf der Arbeitsfläche 5 mm dick ausrollen. Blumen (oder andere Formen) von 6–7 cm Ø ausstechen. Auf mittlerer Schiene 15 Minuten backen. Herausnehmen und abkühlen lassen. Auf das Backpapier legen, Kleckse flüssiger weißer Schokolade oder Zuckerguss und Zuckerperlen darauf festkleben.

Für etwa 20 Stück
Zubereitung: +
110 g Mehl
100 g weiche Butter
40 g Puderzucker
50 g gemahlene Mandeln
1 Prise Salz
Zuckerperlen

Amarettini

Mandeln auf einem Backblech verteilen und 10 Minuten bei 175 °C Ober-/Unterhitze auf der mittleren Schiene rösten, herausnehmen und beiseitestellen. Ofentemperatur auf 100 °C Umluft senken. Ein oder mehrere Backbleche mit Backpapier auslegen.

Zucker und Amaretto in einen Topf geben und aufkochen, dabei nicht rühren. Amarettosirup vom Herd nehmen. Eiweiße mit dem Salz mit dem Rührbesen des Handrührgeräts steif schlagen, bis eine feste glänzende Masse entstanden ist, dabei das Salz zugeben. Den heißen Sirup in dünnem Strahl zum Eischnee geben und dabei auf höchster Stufe 5 Minuten weiterschlagen, dann weitere 5 Minuten bei niedriger Geschwindigkeit schlagen.

Die Mandeln vorsichtig unter die Eischnee-Sirup-Mischung heben und die Masse in einen Spritzbeutel (Tülle 11 cm Ø) füllen. Auf ein mit Backpapier belegtes Blech haselnussgroße Tupfen spritzen. Im Backofen 60 Minuten trocknen lassen.

Für etwa 100 Stück
Zubereitung: ++
150 g gemahlene Mandeln
100 g Zucker
50 ml Amaretto
2 Eiweiß
1 Prise Salz

Einfache Mürbeteigkekse

Butter rasch mit Puderzucker verkneten. Vanille und Eigelbe oder Ei einarbeiten. Mehl und Salz auf einmal dazugeben. Alles zu einem festen Mürbeteig verkneten. Ist der Teig zu bröselig, 1–2 EL kaltes Wasser oder Milch hinzufügen, ist er zu klebrig, etwas Mehl. Zu einer Kugel formen, in Frischhaltefolie wickeln und mindestens 2 Stunden im Kühlschrank ruhen lassen.

Backofen auf 180 °C Ober-/Unterhitze vorheizen. Ein Backblech mit Backpapier auslegen. Den Teig auf bemehlter Arbeitsfläche 3 mm dick ausrollen. Kreise von 5 cm Ø ausstechen und auf das Backpapier legen. (Jede andere Ausstechform geht natürlich auch.) Auf mittlerer Schiene 8–10 Minuten backen. Herausnehmen und abkühlen lassen.

Schokoladenmürbeteig 30 g des Mehls durch Kakao ersetzen.

Kaffeemürbeteig mit dem Mehl 4 TL Instant-Espressopulver hinzufügen.

Gewürzmürbeteig nur 310 g Mehl nehmen, außerdem 2 TL Kakao, 2 TL Zimt, 1 TL gemahlenen Ingwer und je ¼ TL gemahlene Gewürznelken und Kardamom.

Mandelmürbeteig 30 g des Mehls durch 50 g gemahlene Mandeln ersetzen.

Kokosmürbeteig 50 g des Mehls durch 80 g Kokosraspel ersetzen.

Schokokekse mit Buttercremefüllung Schokoladenmürbeteig wie oben beschrieben zubereiten und ausrollen. Kreise (4,5 cm Ø) ausstechen und auf ein mit Backpapier belegtes Blech legen. Bei 180 °C Ober-/Unterhitze auf mittlerer Schiene 8–10 Minuten backen. Herausnehmen und abkühlen lassen. 100 g weiche Butter mit 160 g Puderzucker, ¼ TL gemahlene Vanille und 1 Prise Salz verrühren. Auf einen Keks etwas von der Füllung geben und mit einem zweiten abdecken, leicht andrücken. Ergibt etwa 80 Stück.

Platzkarten Für Feiern kann man Mürbeteigkekse nach Geschmack backen und dann mit Zuckerguss die Namen der Gäste daraufschreiben. Als Platzkarten auf die Teller legen (Foto oben).

Marmeladenkekse Mandelmürbeteig (Seite 20) wie dort beschrieben zubereiten und ausrollen. Blumen ausstechen und auf ein mit Backpapier belegtes Blech legen. Aus jeder zweiten Blume in der Mitte einen Minikreis ausstechen. Diese Kekse mit Eigelb bepinseln und mit Hagelzucker bestreuen. Bei 180 °C Ober-/Unterhitze 8–10 Minuten backen. Abkühlen lassen. Die Blumen ohne Hagelzucker mit Konfitüre nach Geschmack bestreichen und je 1 Blume mit Hagelzucker daraufsetzen. Ergibt etwa 30 Stück.

Stempelkekse Mürbeteig nach Geschmack (Seite 20) wie dort beschrieben zubereiten und 5 mm dick ausrollen. Stempel in den Teig drücken und Kekse mit einem Ausstecher oder einem scharfen Messer ausschneiden. Auf ein mit Backpapier ausgelegtes Blech legen. Bei 180 °C Ober-/Unterhitze 10–12 Minuten backen. Im Fachhandel findet man verschiedene Stempel für Gebäck. Saubere Stempel für Papier oder Siegel kann man jedoch auch verwenden. Ergibt etwa 60 Stück (Foto Seite 22).

Florentiner-Knuspertäfelchen

🌱 Backofen auf 180 °C Ober-/Unterhitze vorheizen. Ein Backblech mit Backpapier auslegen. Mandeln und Mehl in einer Schüssel vermischen. Honig, Sahne, Butter, Zucker, Vanille und Salz in einen Topf geben und aufkochen. Etwa 5 Minuten bei mittlerer Hitze einkochen, bis die Masse bräunt.

🌱 Die Temperatur ganz herunterschalten und die Mehl-Mandel-Mischung einrühren. Rasch auf das Backpapier streichen. Auf mittlerer Schiene etwa 12 Minuten backen. Gerne auch ein paar Minuten länger – die Kekse werden dann zwar recht dunkel, aber besonders knusprig.

🌱 Mandelplatte aus dem Ofen nehmen und sofort eine Lage Backpapier darauflegen. Mit einem Nudelholz glatt rollen. Das Backpapier abziehen und die Platte sofort in Quadrate à 3 × 3 cm schneiden. Sie muss noch warm sein, aber nicht zu heiß, sonst ist sie zu klebrig zum Schneiden. Schokolade über dem Wasserbad (Seite 7) schmelzen. Die Florentiner damit bepinseln.

Für etwa 70 Stück
Zubereitung: ++
250 g gehobelte Mandeln
2 EL Mehl
40 g Honig
70 g Sahne
70 g Butter
70 g Zucker
½ TL gemahlene Vanille
1 Prise Salz
200 g Schokolade
   (60–70 % Kakaoanteil)

Profiteroles mit Tonkabohnencreme

🌱 Für die Profiteroles 125 ml Wasser, 50 g Butter und Salz in einen Topf geben und aufkochen. Das Mehl auf einmal dazugeben, dabei mit einem Kochlöffel oder Teigspatel rühren. Weiterrühren, bis sich die Masse als Kloß vom Topfboden löst. Den Topf vom Herd nehmen und Masse etwas abkühlen lassen. Der Teig muss aber noch warm sein, wenn die Eier dazukommen. Die Eier mit einem Teigspatel einzeln gut in die Masse einarbeiten. Der fertige Teig sollte schwer vom Kochlöffel fallen.

🌱 Den Backofen auf 220 °C Ober-/Unterhitze vorheizen. Ein Backblech mit Backpapier auslegen. Den Teig in einen Spritzbeutel mit Lochtülle (13 mm Ø) füllen. Kleine Häufchen (2–3 cm Ø) auf das Backpapier spritzen. Abstand lassen, weil der Teig stark aufgeht. Auf mittlerer Schiene 20 Minuten backen. Ein Schälchen Wasser in den Backofen stellen, weil das Gebäck durch den Wasserdampf besser aufgeht.

🌱 Für die Füllung Zucker, 2 EL Milch, Speisestärke und Eigelbe verrühren. Restliche Milch mit den Tonkabohnen in einen Topf geben und aufkochen. Den Topf vom Herd nehmen und alles 5 Minuten ziehen lassen. Die Tonkabohnen entfernen und die Milch unter ständigem Rühren zur Eigelbmischung gießen. Alles wieder in den Topf füllen, unter Rühren aufkochen und ein paarmal aufwallen lassen, bis die Creme eindickt. Den Topf vom Herd nehmen, mit Frischhaltefolie abdecken und abkühlen lassen.

🌱 Die restliche Butter (250 g) muss die gleiche Temperatur wie die Creme haben. Die Butter schaumig schlagen und die abgekühlte Creme unterrühren. Schokolade temperieren (Seite 7) und die Oberseite der Profiteroles hineintauchen. Schokolade fest werden lassen. Profiteroles waagerecht halbieren. Die Creme in einen Spritzbeutel mit Lochtülle (13 mm Ø) füllen und auf die Böden spritzen. Anschließend die Deckel daraufsetzen. Bis zum Servieren in den Kühlschrank stellen.

Eclairs mit Vanillecreme Spritzt man mit dem Teig keine Tupfen sondern Streifen auf das Backblech, nennt man diese Eclairs. Teig wie oben zubereiten, Streifen auf das Backpapier spritzen und backen. Bei der Creme statt der Tonkabohnen das Mark von 1 Vanilleschote in der Milch aufkochen.

Für etwa 35 Stück
Zubereitung: +++
300 g Butter
1 Prise Salz
125 g Mehl
3 Eier
75 g Zucker
375 ml Milch
30 g Speisestärke
3 Eigelb
4 Tonkabohnen
100 g Schokolade
 (70 % Kakaoanteil)

Klassisches Shortbread

🌱 Kalte Butter und Puderzucker miteinander vermengen. Mehl und Reismehl dazugeben und alles möglichst schnell zu einem glatten Teig verarbeiten. Zu einer Kugel rollen, in Frischhaltefolie wickeln und mindestens 2 Stunden im Kühlschrank ruhen lassen.

🌱 Backofen auf 170 °C Ober-/Unterhitze vorheizen. Anschließend den Teig etwa 1 cm dick zu einem Kreis von 24 cm Ø ausrollen und in eine passende Springform legen. Auf mittlerer Schiene 20 Minuten backen. Herausnehmen und noch warm in 12 Kuchenstücke schneiden.

Millionairs Shortbread Teig wie oben beschrieben zubereiten. Nach der Kühlzeit auf Backpapier etwa 1 cm dick zu einer Platte von 20 × 24 cm ausrollen, auf ein Backblech legen und einen Backrahmen darumlegen. Teig mit einer Gabel mehrfach einstechen. Bei 170 °C Ober-/Unterhitze 20 Minuten backen. Shortbread herausnehmen und abkühlen lassen. Mit 150–200 g Dulce de Leche (Seite 190) bestreichen. 150 g Vollmilchschokolade temperieren (Seite 7) und darauf verteilen. Schokolade fest werden lassen. Shortbread in 3 × 3 cm große Würfel schneiden (Foto links oben).

Shortbread mit Zitronenfüllung Teig wie oben beschrieben zubereiten. Nach der Kühlzeit auf Backpapier etwa 1 cm dick zu einer Platte von 20 × 24 cm ausrollen, auf ein Backblech legen und einen Backrahmen darumlegen. Den Teig am Rand etwas hochziehen, damit die Füllung nicht herauslaufen kann. Teig mit einer Gabel mehrfach einstechen. Bei 175 °C Ober-/Unterhitze 20 Minuten backen und herausnehmen. Für den Belag 300 g Zucker und 3 Eier verrühren. Abgeriebene Schale von 2 Zitronen, 120 ml Zitronensaft und 40 g Mehl dazugeben. Alles gut vermengen. Belag auf dem Boden verteilen. Weitere 15 Minuten bei 175 °C Ober-/Unterhitze backen. Shortbread herausnehmen und abkühlen lassen. Mit Puderzucker bestäuben und in 3 × 3 cm große Würfel schneiden (Foto rechts oben).

Shortbread mit Erdnusskaramell Teig wie oben beschrieben zubereiten. Nach der Kühlzeit auf Backpapier etwa 1 cm dick zu einer Platte von 20 × 24 cm ausrollen, auf ein Backblech legen und einen Backrahmen darumlegen. Teig mit einer Gabel mehrfach einstechen. Bei 175 °C Ober-/Unterhitze 15 Minuten backen. Für den Belag 200 g Sahne, 60 g braunen Rohrzucker, 60 g Zucker, 1 EL Honig, 25 g Butter und 200 g gesalzene Erdnüsse in einen Topf geben und aufkochen. Etwa 12 Minuten köcheln lassen, bis die Flüssigkeit fast verdampft und die Masse hellbraun ist. Belag auf dem Boden verteilen und weitere 15 Minuten bei 175 °C Ober-/Unterhitze backen. Shortbread herausnehmen und abkühlen lassen. Anschließend in Riegel schneiden (Foto unten).

Für 12 Stück
Zubereitung: ++

220 g gesalzene, kalte Butter in Stückchen (ersatzweise ungesalzene und 2 TL Salz)
100 g Puderzucker
150 g Mehl
100 g Reismehl

Dottermakronen

🌱 Eigelbe mit Zucker und Vanille auf höchster Stufe mit den Rührstäben des Handrührgeräts etwa 5 Minuten aufschlagen, bis eine helle Creme entstanden ist. Mehl und Salz darübersieben und einarbeiten.

🌱 Backofen auf 175 °C Ober-/Unterhitze vorheizen. Ein Backblech mit Backpapier auslegen. Den Teig in einen Spritzbeutel füllen und mit Abstand kleine Tupfen (2–3 cm Ø) auf das Backpapier spritzen. Auf mittlerer Schiene 10–12 Minuten backen. Makronen herausnehmen und abkühlen lassen.

Gefüllte Makronen Die Unterseite einer Makrone mit Konfitüre nach Geschmack bestreichen und eine zweite Makrone daraufdrücken.

Canneles

Vanilleschote aufschlitzen und Mark herauskratzen. Milch mit Butter, Vanilleschote, Vanillemark und Salz in einen Topf geben und aufkochen. Vom Herd nehmen. Mehl und Puderzucker in eine Schüssel sieben und in der Mitte eine Mulde formen. Eier und Eigelbe hineingeben. Alles mit dem Schneebesen zu einer homogenen Masse verrühren. Vanilleschote aus der Milch entfernen. Vanillemilch und Rum unter Rühren in die Eiermischung gießen. Nochmals gut verrühren. Den Teig abgedeckt mindestens 1 Stunde, besser aber über Nacht, im Kühlschrank ruhen lassen.

Den Backofen mit den Canneles-Formen auf 280 °C vorheizen. Das Backblech auf die zweite Schiene von unten schieben und ein Gitter daraufstellen. Stehen die Canneles nämlich direkt auf dem heißen Blech, brennen sie an. Den Teig fast bis zum Rand in Canneles-Formen gießen. Auf das Gitter stellen und die Canneles 5 Minuten backen. Dann die Temperatur auf 180 °C verringern und die Canneles 1 weitere Stunde backen. Herausnehmen, abkühlen lassen und erst dann aus der Form lösen.

Für 12 Stück
Zubereitung: ++
1 Vanilleschote
600 ml Milch
40 g Butter
1 Prise Salz
120 g Mehl
250 g Puderzucker
2 Eier
3 Eigelb
2 EL Rum

Japonais

Japonaisküsschen

🌿 Backofen auf 175 °C Ober-/Unterhitze vorheizen. Ein Backblech mit Backpapier auslegen. Gemahlene Mandeln darauf verteilen. Auf mittlerer Schiene 10 Minuten rösten, herausnehmen und beiseitestellen. Das Backblech erneut mit Backpapier auslegen. Die Backofentemperatur auf 100 °C Umluft senken.

🌿 Zucker und 50 ml Wasser in einen Topf geben, aufkochen und 3 Minuten zu Sirup kochen lassen, dabei nicht rühren. Eiweiße mit Salz aufschlagen, bis eine feste glänzende Masse entstanden ist. Dann den heißen Sirup in dünnem Strahl einfließen lassen und dabei auf höchster Stufe 5–10 Minuten weiterschlagen, bis die Masse abgekühlt ist. Die Mandeln mit der Speisestärke vermischen und vorsichtig unter den Eischnee heben.

🌿 Die Masse in einen Spritzbeutel mit Lochtülle (13 mm Ø) füllen. Auf das Backpapier Kringel (4 cm Ø) spritzen. In der Mitte sollte ein kleines Loch oder eine Mulde sein. Auf mittlerer Schiene in den Ofen schieben und 1 Stunde trocknen lassen. Kringel herausnehmen und abkühlen lassen.

🌿 Nugat in einer Metallschüssel über dem Wasserbad (Seite 7) schmelzen und etwas abkühlen lassen. Es sollte so weich sein, dass man es spritzen kann. Nugat in einen Spritzbeutel mit Lochtülle (9 mm Ø) füllen. Auf jeden Keks einen Klecks Nugat spritzen.

Für etwa 60 Stück
Zubereitung: +++
100 g gemahlene
   Mandeln
100 g Zucker
2 Eiweiß
1 Prise Salz
1 TL Speisestärke
100 g Nugat

Löffelbiskuit

🌱 Backofen auf 180 °C Ober-/Unterhitze vorheizen. Ein Backblech mit Backpapier auslegen. Eier trennen. Eigelbe mit 60 g Zucker aufschlagen, bis eine helle Creme entstanden ist. Eiweiße mit dem Salz steif schlagen. Restlichen Zucker (50 g) einrieseln lassen und weiterschlagen, bis eine feste glänzende Masse entstanden ist.

🌱 Ein Drittel des Eischnees unter die Eigelbmischung rühren, dann Mehl und Speisestärke darübersieben und untermengen. Restlichen Eischnee vorsichtig unterheben. Teig in einen Spritzbeutel mit Lochtülle (13 mm Ø) füllen. Streifen von etwa 8 cm Länge auf das Backpapier spritzen. Mit Puderzucker bestäuben. Auf mittlerer Schiene in 12–14 Minuten nicht zu dunkel backen. Herausnehmen und abkühlen lassen.

Für etwa 60 Stück
Zubereitung: ++

4 Eier
110 g Zucker
1 Prise Salz
100 g Mehl
30 g Speisestärke
2 EL Puderzucker

Mini-Baiser

🌱 Backofen auf 100 °C Umluft vorheizen. Drei Backbleche mit Backpapier auslegen. Eiweiße, Salz, Zucker und Zitronensaft in eine Metallschüssel geben. Mit den Rührbesen des Handrührgeräts über dem Wasserbad (Seite 7) aufschlagen, bis der Zucker sich gelöst hat und die Masse eine Temperatur von etwa 65 °C erreicht hat. Die Schüssel herunternehmen und auf hoher Stufe weiterschlagen, bis die Masse wieder fast abgekühlt ist.

🌱 Den Eischnee nach Belieben mit Lebensmittelfarbe einfärben. Die Masse in einen Spritzbeutel (Sterntülle, 11 mm Ø) geben und kleine Tupfen (2 cm Ø) auf das Backpapier spritzen. Alle 3 Bleche auf einmal in den Backofen schieben und Baiser 60 Minuten trocknen lassen. Herausnehmen und abkühlen lassen.

Für etwa 100 Stück
Zubereitung: ++
4 Eiweiß
1 Prise Salz
225 g Zucker
1 EL Zitronensaft
Lebensmittelfarbe nach
  Belieben

Financiers

🌱 Für eine einfache Grundform die Butter in einem Topf zerlassen, bis sie bräunt. Das dauert etwa 5 Minuten. Die zerlassene Butter durch ein mit einem Küchentuch ausgelegten Sieb gießen, um die festen Rückstände zu entfernen. Abkühlen lassen. Backofen auf 210 °C Ober-/Unterhitze vorheizen. Mini-Tartelettformen ausbuttern.

🌱 Mehl, Puderzucker und Salz in eine Schüssel sieben und die Mandeln unterrühren. Die Eiweiße nach und nach mit einem Schneebesen in die Mischung rühren. Die zerlassene Butter dazugeben und alles zu einem glatten Teig rühren. Teig auf Mini-Tartelettformen (5 cm Ø) verteilen. Auf mittlerer Schiene 10 Minuten backen. Herausnehmen und abkühlen lassen.

Mandel-Financiers 10 Tropfen Bittermandelöl unter den Teig rühren und vor dem Backen mit Mandelblättchen bestreuen.

Grüntee-Financiers 2 TL Grünteepulver (Matcha) unter den Teig rühren und vor dem Backen mit Sesamsamen bestreuen.

Zitronen-Financiers Abgeriebene Schale von 1 Zitrone unter den Teig rühren und vor dem Backen mit gehackten Pistazien bestreuen.

Kaffee-Financiers 3 TL Instant-Espressopulver unter den Teig rühren und vor dem Backen mit Schokoladenflocken bestreuen.

Johannisbeer-Orangen-Financiers Abgeriebene Schale von 1 Orange unter den Teig rühren und vor dem Backen jeweils mit 6–8 Johannisbeeren belegen.

Schokoladen-Financiers Beim Teig 20 g Mehl durch 1 EL Kakao ersetzen und vor dem Backen mit gehackten Pistazien bestreuen.

Nugat-Schokoladen-Financiers Beim Teig 20 g Mehl durch Kakao ersetzen und nach dem Einfüllen des Teigs 1 Würfel Nugat in jeden Financier drücken.

Apfel-Zimt-Financiers 1 TL Zimt und 1 geriebenen Apfel unter den Teig rühren.

Haselnuss-Financiers Gemahlene Mandeln durch gemahlene Haselnusskerne ersetzen und vor dem Backen mit je 1 Haselnusskern belegen.

Für etwa 30 Stück
Zubereitung: +
125 g Butter
50 g Mehl
150 g Puderzucker
1 Prise Salz
50 g gemahlene Mandeln
3 Eiweiß (120 g)

Engelshaarnester

🌱 Backofen auf 190 °C Ober-/Unterhitze vorheizen. Muffin-Form ausbuttern. Teig auf der Arbeitsfläche ausbreiten und in 24 Quadrate schneiden. Teigquadrate fest in die Mulden der Muffin-Form drücken. Die Butter über den Teig in die Mulden gießen (pro Mulde etwa 1 EL). Auf mittlerer Schiene in etwa 20 Minuten goldbraun backen. Herausnehmen und abkühlen lassen.

🌱 Während der Backzeit den Sirup kochen. Dafür Zucker, Zitronensaft, 75 ml Wasser, Orangenblüten- und Rosenwasser in einen Topf geben und bei geringer Hitze erwärmen, bis sich der Zucker auflöst. 2 Minuten köcheln lassen, die Pistazienkerne dazugeben, weitere 2 Minuten köcheln lassen. Den Topf vom Herd nehmen.

🌱 Den gebackenen Teig aus den Mulden nehmen und auf Küchenpapier abtropfen lassen. Dann auf ein Kuchengitter legen, darunter einen Teller stellen. Den warmen Sirup über den Küchlein verteilen, dabei die Pistazien gleichmäßig verteilen. Den heruntergetropften Sirup erneut über die Küchlein gießen, bis er vollständig aufgesogen ist.

Für etwa 24 Stück
Zubereitung: +
200 g Kataif-Teig
180 g Butter, zerlassen
200 g Zucker
2 EL Zitronensaft
10 ml Orangenblüten-
    wasser
10 ml Rosenwasser
130 g Pistazienkerne

Kokosmakronen

Backofen auf 220 °C Ober-/Unterhitze vorheizen. Ein Backblech mit Backpapier auslegen. Kokosraspel, Marzipan, Puderzucker, 2 Eiweiße und Rum verrühren. In einer zweiten Schüssel 3 Eiweiße mit Salz steif schlagen, dabei den Zucker einrieseln lassen. Weiterschlagen, bis eine feste glänzende Masse entstanden ist. Eischnee unter die Kokosmasse heben.

Masse in einen Spritzbeutel mit Sterntülle (13 mm Ø) füllen und etwa walnussgroße Häufchen auf das Backpapier spritzen. Auf mittlerer Schiene 10 Minuten backen. Makronen herausnehmen und abkühlen lassen. Schokolade temperieren (Seite 7) und die Unterseiten eintauchen, abschütteln, auf Backpapier setzen und Schokolade fest werden lassen.

Für etwa 50 Stück
Zubereitung: ++
150 g Kokosraspel
200 g Marzipanrohmasse
120 g Puderzucker
5 Eiweiß
2 EL Rum
1 Prise Salz
80 g Zucker
150 g Schokolade
 (60–70 % Kakaoanteil)

Lamingtons

Ein australischer Klassiker!

Backofen auf 180 °C Ober-/Unterhitze vorheizen. Ein Backblech mit Backpapier auslegen und einen Backrahmen (26 × 26 cm) daraufsetzen. Eier und Zucker in einer Metallschüssel über dem Wasserbad (Seite 7) bei geringer Hitze etwa 5 Minuten aufschlagen, bis eine helle Creme entstanden ist. Die Masse darf nur handwarm werden. Herunternehmen und weiterschlagen, bis die Masse abgekühlt ist. Wenn es schnell gehen soll, die Schüssel in einen Topf mit Eiswasser stellen.

Mehl, Speisestärke, Vanille und Salz über die Eimasse sieben und vorsichtig unterheben. 60 g zerlassene Butter unter den Teig ziehen. In den Backrahmen füllen und auf mittlerer Schiene 25–30 Minuten backen. Der Kuchen sollte bei leichtem Druck mit der Hand etwas nachgeben. Herausnehmen, abkühlen lassen und den Backrahmen abnehmen. Die Platte in etwa 4 × 4 cm große Würfel schneiden. Die Kokosraspel auf einen Teller geben.

Für die Glasur Puderzucker und Kakao in eine Schüssel sieben, mit 150 ml kochendem Wasser verrühren und die restliche zerlassene Butter (120 g) einrühren. Die Lamington-Würfel mit einer Pralinengabel in die Glasur tauchen und in den Kokosraspeln wälzen. Auf Backpapier setzen und Glasur fest werden lassen.

Für etwa 36 Stück
Zubereitung: ++
6 Eier
170 g Zucker
130 g Mehl
50 g Speisestärke
¼ TL gemahlene Vanille
1 Prise Salz
180 g Butter, zerlassen
200 g Kokosraspel
600 g Puderzucker
60 g Kakao

Madeleines

Backofen auf 220 °C Ober-/Unterhitze vorheizen. Madeleineformen ausbuttern. Eier, Zucker, Rum, Zitronenschale und Vanille in 5 Minuten schaumig aufschlagen. Mehl, Natron und Salz in eine Schüssel sieben und die Mandeln einrühren. Mehl-Mandel-Mischung mit der Eimasse vermengen. Butter in dünnem Strahl dazugießen und unterrühren. Teig in die Formen füllen. Auf mittlerer Schiene in 10 Minuten goldbraun backen. Herausnehmen, etwas abkühlen lassen und die Madeleines aus den Mulden stürzen.

Gefüllte Madeleines Teig wie oben beschrieben zubereiten. Aus 100 g Marzipanrohmasse 25 Kugeln formen. Die Formen jeweils zu zwei Dritteln mit Teig füllen, dann je 1 Marzipankugel in die Formen geben und mit dem restlichen Teig abdecken. Backzeit wie oben.

Für etwa 25 Stück
Zubereitung: +

2 Eier
80 g Zucker
1 EL Rum
abgeriebene Schale von
　½ Zitrone
¼ TL gemahlene Vanille
80 g Mehl
1 gestrichener TL Natron
1 Prise Salz
40 g gemahlene Mandeln
80 g Butter, zerlassen

Für
zwischendurch

Apfelriegel

Backofen auf 175 °C Ober-/Unterhitze vorheizen. Ein Backblech mit Backpapier auslegen und einen Backrahmen (20 × 25 cm) daraufsetzen. Die Butter mit dem braunen Zucker und 50 g weißem Zucker schaumig schlagen. 250 g Mehl mit ½ TL Salz, Zimt, Gewürznelken und Backpulver in eine Schüssel sieben und unter den Teig rühren. Den Teig in den Backrahmen füllen und festdrücken. Mit den gemahlenen Mandeln bestreuen. Auf mittlerer Schiene 10 Minuten backen.

Äpfel schälen und reiben. Mit dem Zitronensaft vermischen und beiseitestellen. Eiweiß mit 1 Prise Salz steif schlagen, dabei den Zucker (40 g) einrieseln lassen. Weiterschlagen, bis eine feste glänzende Masse entstanden ist. Restliches Mehl (40 g) darübersieben und unterheben, ebenso das Apfelmus.

Die Teigplatte aus dem Ofen nehmen. Die Backofentemperatur halten. Die Äpfel darauf verteilen und die Baisermischung auf den Äpfeln glatt streichen. Mit den Mandelblättchen bestreuen. Wieder in den Ofen schieben und weitere 20 Minuten backen. Herausnehmen und sofort in Riegel (3 × 8 cm) schneiden.

Für etwa 18 Stück
Zubereitung: ++

175 g weiche Butter
75 g brauner Zucker
90 g Zucker
290 g Mehl
Salz
1 gestrichener TL gemahlener Zimt
1 Messerspitze gemahlene Gewürznelken
½ TL Backpulver
2 EL gemahlene Mandeln
2 Äpfel
1 TL Zitronensaft
1 Eiweiß
70 g Apfelmus
30 g Mandelblättchen

Foto Seite 46/47

Pinienkugeln

Backofen auf 175 °C Ober-/Unterhitze vorheizen. Ein Backblech mit Backpapier auslegen. Pinienkerne in einer Pfanne ohne Fett goldbraun rösten. 100 g Pinienkerne hacken und in einer Schüssel mit Mandeln, Speisestärke, 100 g Zucker und Vanille vermischen. Eiweiße mit Salz und dem restlichen Zucker (100 g) halb steif schlagen und unter die trockene Mischung rühren. Aus dem Teig kirschgroße Kugeln formen. Die Kugeln in den restlichen Pinienkernen wälzen und auf das Backpapier legen. Auf mittlerer Schiene 15 Minuten backen. Herausnehmen und abkühlen lassen.

Für etwa 45 Stück
Zubereitung: +

300 g Pinienkerne
200 g gemahlene Mandeln
2 EL Speisestärke
200 g Zucker
¼ TL gemahlene Vanille
2 Eiweiß
1 Prise Salz

Biscuits
Sweets

Italienische Nussbrocken

Backofen auf 180 °C Ober-/Unterhitze vorheizen. Ein Backblech mit Backpapier auslegen. Haselnusskerne und Mandeln nebeneinander auf dem Blech 10 Minuten rösten. Nach 5 Minuten die Pinienkerne dazugeben und ebenfalls rösten. Herausnehmen und mit einem Küchenhandtuch die Schale von den Haselnusskernen reiben.

Eiweiße, Puderzucker, Kakao, Zimt und Salz in einer Schüssel verrühren. Haselnusskerne, Mandeln und Pinienkerne dazugeben. Die Masse auf Backpapier streichen (20 × 25 cm) und über Nacht bei Zimmertemperatur trocknen lassen.

Am nächsten Tag den Backofen auf 150 °C Ober-/Unterhitze vorheizen. Ein Backblech mit Backpapier auslegen. Die getrocknete Platte in etwa 3 × 3 cm große Würfel schneiden. Würfel mit etwas Abstand auf das Backpapier legen. Auf mittlerer Schiene 25 Minuten backen. Herausnehmen und auf einem Kuchengitter abkühlen lassen.

Für 50–60 Stück
Zubereitung: +
150 g Haselnusskerne
150 g blanchierte
    Mandeln
50 g Pinienkerne
2 Eiweiß
375 g Puderzucker
20 g Kakao
¼ TL gemahlener Zimt
1 Prise Salz

Amarettoröllchen

ohne Backofen

Butter und Zucker schaumig schlagen. Ei und den Amaretto einrühren. Kakao über die Masse sieben und unterrühren. Amarettinibrösel und Salz untermengen. Aus dem Teig zwei Rollen formen (3 cm Ø, 30 cm lang). Das geht am besten mithilfe von Frischhaltefolie. 2 Stunden im Kühlschrank ruhen lassen.

Das Marzipan mit dem Puderzucker verkneten. Zwischen zwei Lagen Frischhaltefolie zu zwei Platten (30 × 15 cm) ausrollen. Die Amarettorollen aus dem Kühlschrank nehmen und mit dem Marzipan ummanteln. Die Rollen in 1 cm breite Streifen schneiden. Bis zum Servieren kühl aufbewahren.

Für etwa 60 Stück
Zubereitung: ++

75 g weiche Butter
75 g Zucker
1 Ei
1 TL Amaretto
75 g Kakao
170 g Amarettini, grob zerbröselt
1 Prise Salz
150 g Marzipanrohmasse
60 g Puderzucker

Foto rechts

Marzipanmakronen

Ein Backblech mit Backpapier auslegen. Marzipan, Mandeln, Zucker, Speisestärke und Zitronenschale gut verrühren. Eiweiße nach und nach untermengen. Erst wenn der Teig 1 Eiweiß vollständig aufgenommen hat, das nächste dazugeben. Den Teig in einen Spritzbeutel mit Lochtülle (13 mm Ø) füllen und walnussgroße Tupfen auf das Backpapier spritzen. Die Kekse 2 Stunden (oder etwas länger) bei Zimmertemperatur trocknen lassen. Backofen auf 150 °C Ober-/Unterhitze vorheizen. Auf mittlerer Schiene 20 Minuten backen. Herausnehmen, etwas abkühlen lassen und vorsichtig vom Backpapier lösen.

Für etwa 80–100 Stück
Zubereitung: ++

400 g Marzipanrohmasse
100 g gemahlene Mandeln
400 g Zucker
1 TL Speisestärke
abgeriebene Schale von ½ Zitrone
4 Eiweiß

Möhrenmakronen

Mandeln auf einem Backblech im Backofen bei 175 °C Ober-/Unterhitze etwa 8 Minuten rösten, bis sie leicht gebräunt sind. Herausnehmen und abkühlen lassen. Backofentemperatur auf 160 °C Ober-/Unterhitze senken. Kokosraspel mit Currypulver, Möhren und Mandeln vermischen. Eiweiße mit Salz steif schlagen, dabei den Zucker einrieseln lassen. Weiterschlagen, bis eine feste glänzende Masse entstanden ist. Ein Drittel des Eischnees unter die Mandelmischung rühren, den Rest vorsichtig unterheben. Die Oblaten auf ein Backblech legen. Die Makronenmasse in einen Spritzbeutel mit Lochtülle (15 mm Ø) füllen und auf die Oblaten spritzen. Auf mittlerer Schiene 25 Minuten backen.

Tipp Wem das Currypulver im Rezept zu außergewöhnlich ist, kann es auch weglassen. Zu diesen Keksen passen ebenso Garam Masala oder weihnachtliche Gewürze, z. B. Zimt und Ingwer.

**Für etwa 80 Stück
Zubereitung: ++**
120 g gemahlene Mandeln
80 g Kokosraspel
1 TL Currypulver
180 g fein geriebene
   Möhren
2 Eiweiß
¼ TL Salz
200 g Zucker
80 Backoblaten, 4 cm Ø

Mandelkrönchen

Butter rasch mit dem braunen Zucker verkneten. Das Eigelb einarbeiten. Mehl, Zimt und 1 Prise Salz auf einmal dazugeben. Alles zu einem festen Mürbeteig verkneten. Ist der Teig zu bröselig, 1–2 EL kaltes Wasser oder Milch hinzufügen, ist er zu klebrig, etwas Mehl. Zu einer Kugel formen, in Frischhaltefolie wickeln und 1–2 Stunden im Kühlschrank ruhen lassen.

Eine Mini-Muffin-Form (24 Mulden) ausbuttern. Den Teig auf bemehlter Arbeitsfläche 3 mm dick ausrollen. Mit einem Stern- oder Blumenausstecher von (etwa 8 cm Ø) Plätzchen ausstechen. In die Mulden der Muffin-Form je einen Streifen Backpapier legen, dann die Kekse in die Form drücken. Durch die Streifen lassen sich die Krönchen später leichter aus der Form heben.

Für die Füllung Butter, Zucker und Salz schaumig schlagen. Das Ei gut einrühren. Mandeln und Bittermandelöl ebenfalls gut unter die Masse mischen. 30 Minuten in den Kühlschrank stellen. Backofen auf 200 °C Ober-/Unterhitze vorheizen. Jeweils 1 TL Füllung auf die Kekse geben. Auf mittlerer Schiene 20 Minuten backen. Herausnehmen, 3 Minuten abkühlen lassen, aus den Formen heben und auf einem Kuchengitter abkühlen lassen.

Für etwa 30 Stück
Zubereitung: +++

100 g kalte Butter, in
  Stückchen
70 g brauner Zucker
1 Eigelb
150 g Mehl
1 gestrichener TL
  gemahlener Zimt
1 Prise Salz
90 g weiche Butter
80 g Zucker
1 Ei
100 g gemahlene
  Mandeln
6 Tropfen Bitter-
  mandelöl

Mandellocken

🐿 Zucker, Eier und Butter in einer Schüssel verrühren, die restlichen Zutaten nacheinander hinzufügen. Alles zu einem glatten Teig rühren. Abgedeckt 2 Stunden im Kühlschrank ruhen lassen.

🐿 Anschließend den Backofen auf 170 °C Ober-/Unterhitze vorheizen. Ein Backblech mit Backpapier auslegen. Jeweils 1 TL Teig auf das Backpapier geben und mit dem Löffelrücken zu einem Kreis von 6–7 cm Ø verstreichen. Wiederholen, bis der ganze Teig verbraucht ist.

🐿 Im Ofen 15 Minuten auf mittlerer Schiene backen. Kekse einzeln mit einem Teigspatel aus dem Backofen nehmen und über ein Nudelholz legen. Wenn sie fest geworden sind, auf einem Kuchengitter vollständig abkühlen lassen.

Tipp Die Kekse schmecken natürlich ebenso gut, wenn sie nicht über einem Nudelholz geformt werden.

Für etwa 40 Stück
Zubereitung: +

220 g Zucker
3 Eier
30 g Butter, zerlassen
150 g gehobelte Mandeln
¼ TL gemahlene Vanille
60 g Mehl
1 Prise Salz
1 EL Wasser

Foto rechts

Pekannusshappen

🐿 Das Mehl in eine Schüssel geben und eine Mulde in die Mitte drücken. Die Hefe hineinbröckeln und 1 EL Zucker (20 g) darüberstreuen. Milch darübergießen und alles gut verrühren, sodass die Hefe sich auflöst. Abdecken und 20 Minuten gehen lassen.

🐿 Eigelb, Butter, Vanille, ¼ TL Zimt, Salz und 30 g Zucker dazugeben. Alles zu einem geschmeidigen Teig verkneten. Je länger geknetet wird, desto besser geht der Teig später auf. Abdecken und an einem warmen Ort 1–2 Stunden gehen lassen. Der Teig sollte sein Volumen verdoppeln.

🐿 Eine Mini-Muffin-Form (24 Mulden) ausbuttern. In jede Mulde 1 Pekannusskern legen. Den Teig zu einem Rechteck von 24 × 16 cm ausrollen und mit der zerlassenen Butter bestreichen. Restlichen Zucker (40 g) und restlichem Zimt vermischen, die Platte gleichmäßig damit bestreuen. Teigrechteck in 24 Quadrate (4 × 4 cm) schneiden. Mit der Butter-Zucker-Seite nach unten in die Mulden legen. Abgedeckt weitere 20 Minuten gehen lassen.

🐿 Backofen auf 180 °C Ober-/Unterhitze vorheizen. Pekannnusshappen auf mittlerer Schiene 15–20 Minuten backen. Herausnehmen und auf einem Kuchengitter abkühlen lassen. Die Happen schmecken frisch am besten, halten sich aber luftdicht verpackt bis zu 3 Tage.

Für 24 Stück
Zubereitung: ++

250 g Mehl
½ Würfel Hefe (20 g)
90 g Zucker
70 ml Milch
1 Eigelb
30 g weiche Butter
¼ TL gemahlene Vanille
1 TL gemahlener Zimt
1 Prise Salz
24 Pekannusskerne
20 g Butter, zerlassen

Kürbiskekse mit Frischkäse

Für den Teig Mehl, Backpulver, Natron, Zimt, Ingwer, Gewürznelke und Salz in eine Schüssel sieben. Eier und Zucker in einer zweiten Schüssel aufschlagen, bis eine helle Creme entstanden ist. Sonnenblumenöl und Kürbismus einrühren. Die Mehlmischung dazugeben. Alles zu einem homogenen Teig rühren.

Backofen auf 170 °C Ober-/Unterhitze vorheizen. Ein Backblech mit Backpapier auslegen. Mit zwei Esslöffeln oder einem Eiskugelportionierer Häufchen auf das Backpapier geben. Ausreichend Abstand lassen, da die Häufchen beim Backen auseinanderlaufen. Auf mittlerer Schiene 13–15 Minuten backen. Herausnehmen und auf einem Kuchengitter abkühlen lassen.

Für den Belag Frischkäse mit Puderzucker glatt rühren. Butter und Vanille untermengen. Die Butter muss wirklich weich sein, sonst bilden sich Klümpchen. Die Masse in einen Spritzbeutel mit Lochtülle (3–4 mm Ø) füllen und Spiralen auf jeden Keks spritzen. Dabei in der Mitte beginnen. Die Kekse schmecken frisch am besten.

Tipp Das Kürbismus hat je nach Sorte und Beschaffenheit des Kürbisses eine andere Konsistenz: Sollte der Teig zu weich sein, noch etwas Mehl dazugeben.

Für etwa 30 Stück
Zubereitung: ++
300 g Mehl
1½ TL Backpulver
1 TL Natron
1 TL Zimt
¼ TL gemahlener Ingwer
1 Messerspitze gemahlene Gewürznelke
½ TL Salz
2 Eier
275 g brauner Zucker
125 ml Sonnenblumenöl
220 g Kürbismus
120 g Frischkäse
60 g Puderzucker
30 g weiche Butter
¼ TL gemahlene Vanille

Knusprige Mandelstangen

Eiweiße mit dem Salz halb steif schlagen. Zucker einrieseln lassen, dabei weiterschlagen, bis eine dickflüssige Masse entstanden ist. Die Masse zusammen mit den Mandelblättchen und der Zitronenschale in einen Topf geben und unter ständigem Rühren so lange bei mittlerer Hitze erwärmen, bis sie fester wird und bindet. Das dauert etwa 5 Minuten.

Backofen auf 160 °C Ober-/Unterhitze vorheizen. Ein Backblech mit Backpapier auslegen. Die 5 Oblaten nebeneinanderlegen und die Masse darauf verteilen. Mit einem scharfen Messer in Rechtecke (3 × 7 cm) schneiden. Das ist eine etwas klebrige Angelegenheit. Deswegen das Messer zwischendurch anfeuchten, dann geht es leichter.

Oblaten-Rechtecke auf das Backpapier legen. Kekse auf mittlerer Schiene 15 Minuten backen, herausnehmen und abkühlen lassen. Schokolade temperieren (Seite 7). Die Stangen an beiden Enden in die Schokolade tauchen, etwas abschütteln und auf Backpapier fest werden lassen.

Für 50–60 Stück
Zubereitung: ++

4 Eiweiß
1 Prise Salz
250 g Zucker
250 g Mandelblättchen
½ TL abgeriebene
　Zitronenschale
5 Oblaten (12 × 20 cm)
200 g dunkle Schokolade
　(70 % Kakaoanteil)

Kokoswürfel

Für den Teig Butter rasch mit Puderzucker verkneten. ¼ TL Vanille und 1 Ei einarbeiten. Mehl und ¼ TL Salz auf einmal dazugeben. Alles zu einem festen Mürbeteig verkneten. Ist der Teig zu bröselig, 1–2 EL kaltes Wasser oder Milch hinzufügen, ist er zu klebrig, etwas Mehl. Zu einer Kugel formen, in Frischhaltefolie wickeln und mindestens 2 Stunden im Kühlschrank ruhen lassen.

Backofen auf 200 °C Ober-/Unterhitze vorheizen. Ein Backblech mit Backpapier auslegen. Den Teig auf bemehlter Arbeitsfläche 5 mm dick zu einer Platte von etwa 30 × 30 cm ausrollen. Auf das Backpapier legen und einen Backrahmen darumlegen. Teig an den Seiten etwas hochziehen, damit die Füllung später nicht herauslaufen kann. Mit einer Gabel mehrmals einstechen. Auf mittlerer Schiene 10–12 Minuten vorbacken. Herausnehmen und beiseitestellen. Backofentemperatur auf 175 °C Ober-/Unterhitze absenken.

Für den Belag Kondensmilch, Kokosmilch, Salz und restliche Vanille (¼ TL) in einen Topf geben. Unter Rühren aufkochen und 5 Minuten einkochen, dabei immer wieder umrühren. Den Topf vom Herd nehmen. Restliche Eier (2) und die Eigelbe verquirlen und unter ständigem Rühren einrühren. Ganz am Schluss die Kokosraspel untermischen. Belag auf den vorgebackenen Boden gießen. Auf mittlerer Schiene 25 Minuten backen. Herausnehmen und abkühlen lassen.

Schokolade temperieren (Seite 7) und in einen Gefrierbeutel füllen. Eine kleine Ecke abschneiden und die Platte mit der Schokolade bemalen. Fest werden lassen. In 3 × 3 cm große Würfel schneiden.

Nusswürfel Für Nusswürfel statt der Kokosmilch Sahne verwenden und die Kokosraspel durch gemahlene Haselnusskerne ersetzen. Nach Belieben noch ½ TL Zimt zugeben. Wie oben angegeben backen und in Würfel schneiden. 100 Haselnusskerne bereitlegen. 50 g Schokolade (60–70 % Kakaoanteil) temperieren (Seite 7), in einen Gefrierbeutel füllen. Eine kleine Ecke abschneiden und auf jeden Würfel 1 Klecks Schokolade geben und 1 Haselnusskern daraufsetzen.

Für etwa 100 Stück
Zubereitung: ++

200 g kalte Butter, in Stückchen
100 g Puderzucker
½ TL gemahlene Vanille
3 Eier
330 g Mehl
Salz
800 g gezuckerte Kondensmilch (2 kleine Dosen)
400 ml Kokosmilch (1 Dose)
5 Eigelb
200 g Kokosraspel
50 g Schokolade (60–70 % Kakaoanteil)

Gefüllte Rhabarberplätzchen

🥄 Backofen auf 160 °C Ober-/Unterhitze vorheizen. Ein Backblech mit Backpapier auslegen. Butter und Puderzucker schaumig schlagen. Mehl, Salz und 70 g Puddingpulver darübersieben. Alles zu einem festen Teig verarbeiten. Aus dem Teig walnussgroße Kugeln formen und mit genügend Abstand auf das Backpapier legen. Mit den bemehlten Zinken einer Gabel etwas eindrücken. Auf mittlerer Schiene 15 Minuten backen. Herausnehmen und auf einem Kuchengitter abkühlen lassen.

🥄 Für die Füllung Rhabarber, 50 g Zucker und 3 EL Wasser in einen Topf geben. Aufkochen und 5–10 Minuten kochen lassen, bis der Rhabarber zerfällt. Durch ein Sieb streichen. 3 EL der Milch mit dem restlichen Puddingpulver (20 g) und restlichen Zucker (40 g) glatt rühren. Restliche Milch mit dem Rhabarbermus in einen Topf geben und aufkochen. Puddingmischung dazugeben und unter Rühren ein paarmal aufwallen lassen, bis sie eindickt. Masse mit etwas Puderzucker bestäuben, damit sich keine Haut bildet. Rhabarberpudding etwas abkühlen lassen.

🥄 Auf jeden Keks 1 TL Rhabarberpudding geben und einen zweiten Keks daraufsetzen, etwas zusammendrücken, sodass die Füllung am Rand sichtbar wird.

Für etwa 60 Stück
Zubereitung: ++

250 g weiche Butter
140 g Puderzucker
220 g Mehl
1 Prise Salz
90 g Vanillepuddingpulver
250 g Rhabarber
90 g Zucker
125 ml Milch

Cremige Schokoladencookies

🐿 Backofen auf 175 °C Ober-/Unterhitze vorheizen. Schokolade und Butter in einer Metallschüssel über dem Wasserbad (Seite 7) unter Rühren schmelzen. Herunternehmen und auf Zimmertemperatur abkühlen lassen. Walnusskerne auf einem Backblech verteilen. Auf mittlerer Schiene 8–10 Minuten rösten, bis sie anfangen zu duften und etwas Farbe annehmen. Herausnehmen, etwas abkühlen lassen und hacken.

🐿 Mehl, Backpulver, Salz und Espressopulver vermischen. Zucker, Eier und Vanille aufschlagen, bis eine helle Creme entstanden ist. Die Schokoladenmischung und dann die Mehlmischung einrühren. Zum Schluss die Schokoladentropfen und die gehackten Walnusskerne unterheben. Den Teig etwa 1 Stunde in den Kühlschrank stellen, bis er so fest ist, dass man Kugeln daraus formen kann.

🐿 Backofen auf 175 °C Ober-/Unterhitze vorheizen. Ein Backblech mit Backpapier auslegen. Aus dem Teig walnussgroße Kugeln formen und mit etwas Abstand auf das Backpapier legen. Auf mittlerer Schiene 10–12 Minuten backen. Herausnehmen und auf einem Kuchengitter abkühlen lassen.

Für etwa 70 Stück
Zubereitung: ++

450 g Schokolade
(60–70 % Kakaoanteil)
60 g Butter
120 g Walnusskerne
60 g Mehl
1 TL Backpulver
¼ TL Salz
1 TL Instant-Espresso-
pulver
350 g Zucker
4 Eier
¼ TL gemahlene Vanille
350 g Schokoladentrop-
fen nach Geschmack

Foto rechts

Gefüllte Honigplätzchen

🐿 60 g Butter mit 150 g Puderzucker und dem Honig schaumig schlagen. Mehl und ½ TL Salz darübersieben und die gemahlenen Haselnüsse dazugeben. Alles zu einem glatten Teig verrühren. Abdecken und 1 Stunde im Kühlschrank ruhen lassen.

🐿 Backofen auf 200 °C Ober-/Unterhitze vorheizen. Ein Backblech mit Backpapier auslegen. Anschließend aus dem Teig murmelgroße Kugeln formen und mit sehr viel Abstand (sie werden beim Backen ganz flach) auf das Blech legen. Auf mittlerer Schiene 5–6 Minuten backen. Honigplätzchen herausnehmen und abkühlen lassen.

🐿 Für die Füllung 240 g weiche Butter, 200 g Puderzucker, 1 Prise Salz und die Vanille in eine Schüssel geben und schaumig schlagen. In einen Spritzbeutel (Tülle: 6 mm Ø) füllen. Je 1 Keks mit Creme bespritzen und einen zweiten daraufsetzen. Bis zum Servieren in den Kühlschrank stellen.

Für etwa 30 Stück
Zubereitung: ++

300 g weiche Butter
350 g Puderzucker
80 g Honig
50 g Mehl
Salz
40 g gemahlene Haselnüsse
½ TL gemahlene Vanille

Zimtwaffeln

ohne Backofen

Butter und Zucker schaumig aufschlagen. Eier einzeln zugeben und gut einrühren, dann die Mandeln. Mehl, Zimt, Vanille und Salz in eine Schüssel sieben und abwechselnd mit der Milch in die Masse rühren. Waffeleisen (für Zimt- oder Eiswaffeln) erhitzen, jeweils 1 EL Teig einfüllen und etwas verstreichen. Waffeln nach Gebrauchsanleitung ausbacken.

Für etwa 100 Stück
Zubereitung: +
125 g weiche Butter
200 g Zucker
2 Eier
60 g gemahlene Mandeln
240 g Mehl
1 TL gemahlener Zimt
¼ TL gemahlene Vanille
1 Prise Salz
200 ml Milch

Olivenölravioli mit Pistazien-Aprikosen-Füllung

1 Ei mit dem Zucker aufschlagen, bis eine helle Creme entstanden ist. Mandeln, Olivenöl und Vanille einrühren. Mehl und Salz über den Teig sieben. Alles zu einem festen Teig verkneten. Eine Kugel formen, in Frischhaltefolie wickeln und mindestens 1 Stunde im Kühlschrank ruhen lassen.

Pistazienkerne und getrocknete Aprikosen mit dem Puderzucker zu einer Paste pürieren. Das geht am besten mit der Küchenmaschine. Backofen auf 180 °C Ober-/Unterhitze vorheizen. Ein Backblech mit Backpapier auslegen.

Plätzchenteig aus dem Kühlschrank nehmen. Auf der bemehlten Arbeitsfläche 3 mm dick ausrollen. Etwa 50 Kreise von 5–6 cm Ø ausstechen. Die Hälfte der Teigkreise auf das Backpapier legen. Auf jeden Kreis eine kleine Kugel der Paste setzen und mit einem zweiten Teigkreis abdecken. An den Seiten etwas andrücken.

Das zweite Ei verquirlen und die Kekse damit bestreichen. Die gehackten Pistazienkerne über die Ravioli streuen. Auf der mittleren Schiene 13 Minuten backen. Herausnehmen und abkühlen lassen.

Für etwa 25 Stück
Zubereitung: ++

2 Eier
100 g Zucker
50 g gemahlene Mandeln
100 ml Olivenöl
¼ TL gemahlene Vanille
220 g Mehl
¼ TL Salz
50 g Pistazienkerne
60 g getrocknete Aprikosen
20 g Puderzucker
2 EL gehackte Pistazienkerne

Crinkle Cookies

Butter und Schokolade in eine Metallschüssel geben und über dem Wasserbad (Seite 7) schmelzen. Herunternehmen und auf Zimmertemperatur abkühlen lassen. Zucker und Eier aufschlagen, bis eine helle Creme entstanden ist. Vanille und die abgekühlte Schokoladenmischung einrühren. Mehl, Salz und Backpulver vermischen und untermengen. Abgedeckt 2 Stunden oder über Nacht (bis zu 4 Tage) im Kühlschrank ruhen lassen.

Teig aus dem Kühlschrank nehmen. Backofen auf 170 °C Ober-/Unterhitze vorheizen. Ein Backblech mit Backpapier auslegen. Puderzucker auf einen Teller sieben. Aus dem Teig walnussgroße Kugeln formen, in Puderzucker wälzen und auf das Backpapier legen. Auf mittlerer Schiene 8–10 Minuten backen. Herausnehmen und abkühlen lassen.

Für etwa 50 Stück
Zubereitung: +

60 g Butter
220 g Schokolade
    (60–70 % Kakaoanteil)
100 g Zucker
2 Eier
¼ TL gemahlene Vanille
200 g Mehl
¼ TL Salz
½ TL Backpulver
100 g Puderzucker

Foto rechts

Sesammonde

Backofen auf 150 °C Ober-/Unterhitze vorheizen. Helle und dunkle Sesamsamen auf einem Backblech 15 Minuten rösten. Herausnehmen und abkühlen lassen. Mehl sieben. 120 g Butter mit Zucker und Salz schaumig schlagen. Eigelbe nacheinander einrühren, anschließend das Mehl, den Sesam und 40 g Sesammus. Alles zu einem festen Teig verkneten. Ist der Teig zu bröselig, 1 EL Milch oder Wasser dazugeben. Teig zur Kugel rollen, in Frischhaltefolie wickeln und 2 Stunden im Kühlschrank ruhen lassen.

Backofen auf 160 °C Ober-/Unterhitze vorheizen. Ein Backblech mit Backpapier auslegen. Teig auf bemehlter Arbeitsfläche 3 mm dick ausrollen. Mit einem Ausstecher Monde ausstechen. Die Plätzchen auf das Backpapier legen und 20 Minuten bei 160 °C auf mittlerer Schiene backen. Herausnehmen und abkühlen lassen.

Für etwa 30 Stück
Zubereitung: ++

50 g helle Sesamsamen
50 g dunkle Sesamsamen
200 g Mehl
170 g weiche Butter
100 g Zucker
½ TL Salz
2 Eigelb
100 g Sesammus (Tahin),
    ungesalzen
150 g Puderzucker
2 TL Rum

Für die Füllung restliche Butter (50 g), restliches Sesammus (60 g), den Puderzucker und den Rum schaumig schlagen. Je einen Mondkeks mit Füllung bestreichen. Einen zweiten Keks daraufsetzen und etwas andrücken.

Tipp Man kann die Füllung auch mit der Hand zu einem Kipferl formen und auf den ersten Keks legen. Das sieht gleichmäßig aus, ist aber mehr Arbeit.

Pistazienbrot mit Cranberrys

 Backofen auf 180 °C Ober-/Unterhitze vorheizen. Kastenform (24 cm Länge) mit Backpapier auslegen. Eiweiß mit Salz steif schlagen und dabei den Zucker einrieseln lassen. Weiterschlagen, bis eine feste glänzende Masse entsteht. Orangenschale unterheben. Mehl, Cranberrys, Pistazien und Vanille mischen und ebenfalls unter den Eischnee ziehen. Masse in die Kastenform füllen. Auf mittlerer Schiene 40 Minuten backen. Herausnehmen, aus der Form lösen und auf einem Kuchengitter abkühlen lassen.

 Backofen auf 140 °C Umluft vorheizen. Zwei Backbleche mit Backpapier auslegen. Das Brot mit einem Wellenschliffmesser vorsichtig in 5–6 mm dicke Scheiben schneiden und auf das Backpapier legen. Bleche gemeinsam in den Ofen schieben. 30 Minuten backen, bis die Pistazienbrotscheiben schön knusprig sind.

Mandelbrot Beim Zubereiten der Masse Cranberrys, Pistazien und Orangenschale durch 200 g blanchierte Mandeln und ½ Fläschchen Bittermandelöl ersetzen.

Für etwa 30 Stück
Zubereitung: ++
100 g Eiweiß
1 Prise Salz
100 g Zucker
abgeriebene Schale von
  1 Orange
140 g Mehl
70 g getrocknete
  Cranberrys
80 g Pistazienkerne
1 Prise gemahlene Vanille

Müsliriegel

🌱 Haferflocken, Sonnenblumenkerne, Kürbis-, Pinien-, Walnuss-, Mandel- und Haselnusskerne in einer Pfanne ohne Fett etwas anrösten, damit sich die Aromen besser entfalten. Butter, braunen Zucker, Honig und Salz in einen Topf geben. Langsam unter Rühren erhitzen, bis sich der Zucker aufgelöst hat.

🌱 Die Körner-Nuss-Mischung dazugeben. Rühren, bis alles gut vermengt ist. Masse auf ein Stück Backpapier geben und ein zweites Stück Backpapier darauflegen. Mit einem Nudelholz zu einer 5 mm dicken Platte von etwa 20 × 24 cm Größe ausrollen. Nach 10 Minuten in 10 × 3 cm große Riegel schneiden.

Tipp Für die trockene Mischung eignen sich auch fertige Müslimischungen oder nach Belieben gemischte Müslizutaten.

Für 16 Stück
Zubereitung: +
100 g kernige Haferflocken
20 g Sonnenblumenkerne
20 g Kürbiskerne
20 g Pinienkerne
20 g Walnusskerne, gehackt
20 g Mandelkerne, gehackt
20 g Haselnusskerne, gehackt
30 g Butter
70 g brauner Zucker
60 g Honig
1 Prise Salz

Foto links

Früchte-Nuss-Riegel

Diese Riegel sind ein schöner Pausensnack. Ich gebe sie meinen Kindern gerne mit in die Schule.

🌱 Backofen auf 160 °C Ober-/Unterhitze vorheizen. Eine feuerfeste Form (20 × 20 cm) mit Backpapier auslegen. Mehl, Backpulver, Salz, Nusskerne, Aprikosen, Kirschen und Cranberrys in einer Schüssel gut vermischen. Das Ei mit dem Zucker und der Vanille aufschlagen, bis eine helle Creme entstanden ist. Nuss-Frucht-Mischung unterrühren.

🌱 Den Teig in die vorbereitete Form geben und etwas festdrücken. Auf mittlerer Schiene 30 Minuten backen. Mit dem Backpapier aus der Form heben und mit einem Wellenschliffmesser in Riegel schneiden.

Für etwa 12 Stück
Zubereitung: +
50 g Mehl
¼ TL Backpulver
¼ TL Salz
150 g gehackte Haselnuss- oder Walnusskerne
150 g getrocknete Aprikosen, grob gehackt
je 70 g getrocknete Kirschen und Cranberrys
1 Ei
75 g brauner Zucker
¼ TL gemahlene Vanille

Foto Seite 189

Etwas Besonderes

Gefüllte Macarons

🥄 Puderzucker und Mandeln gut vermischen und beiseitestellen. Zucker und 80 ml Wasser in einem Topf langsam unter Rühren aufkochen, bis sich der Zucker aufgelöst hat. Den Sirup vom Herd nehmen. Die Hälfte des Eiweißes steif schlagen, die Mixgeschwindigkeit verringern und in einem dünnen Strahl den Sirup dazugießen. So lange weiterschlagen, bis die Masse abgekühlt ist.

🥄 Die zweite Hälfte des Eiweißes (ungeschlagen) mit der Mandelmischung vermengen, sodass eine dicke Mandelpaste entsteht. Nach Belieben Lebensmittelfarbe unter die Paste mischen. Mit einem Spatel eine kleine Menge Eischnee in die Mandelpaste rühren, nach und nach den Rest zugeben und vorsichtig unterheben. Die Mischung muss glatt und nicht allzu fest sein.

🥄 Ein Backblech mit Backpapier auslegen. Makronenmasse in einen Spritzbeutel mit Lochtülle (13 mm Ø) füllen und Macarons von 2 cm Ø auf das Backpapier spritzen. Die Kekse etwa 30 Minuten bei Raumtemperatur trocknen lassen.

🥄 Den Backofen auf 125 °C Umluft vorheizen. Macarons auf mittlerer Schiene 15 Minuten backen. Herausnehmen und abkühlen lassen. Einen Klecks Füllung (siehe folgende Rezepte) auf je 1 Macaron geben und einen zweiten Macaron daraufdrücken.

Mangofüllung 1 kleine Mango schälen, das Fruchtfleisch vom Kern schneiden und pürieren, 120 g abmessen und mit 2 EL Zucker verrühren. (Oder 120 g Mangomus aus dem Asialaden nehmen, dann den Zucker weglassen.) 150 g weiße Schokolade zerbröckeln und in einer Schüssel über dem Wasserbad (Seite 7) schmelzen. Das Mangomus unterrühren und zum Schluss 50 g Naturjoghurt. Abkühlen lassen und die Macarons damit füllen.

Himbeerfüllung 150 g Himbeeren, 35 g Zucker und 1 EL Zitronensaft in einen Topf geben und aufkochen. 50 ml Wasser mit 1 EL Speisestärke glatt rühren. Zu den Himbeeren in den Topf geben. Ein paarmal aufwallen lassen, bis die Masse eindickt. Abkühlen lassen und die Macarons damit füllen.

Für etwa 40 Stück
Zubereitung: +++
200 g Puderzucker
200 g fein gemahlene
 Mandeln
200 g Zucker
160 g Eiweiß
 (von 4 Eiern, Größe L)
Lebensmittelfarbe
 (nach Belieben)

Foto Seite 78/79

Schokokussfüllung Von 2 Schokoküssen die Waffeln abnehmen. Schoko-
küsse und 100 g Quark verrühren. 80 g Sahne steif schlagen und unterheben. Die Macarons damit füllen.

Mascaponefüllung 120 g Konfitüre nach Geschmack erwärmen und
durch ein Sieb streichen. Mit 160 g Mascarpone glatt rühren. Abkühlen lassen und die Macarons damit füllen.

Schokotrüffelfüllung 100 g After Eight (oder eine andere Schokolade nach
Geschmack) und 120 g Sahne in eine Metallschüssel geben. Über dem Wasserbad (Seite 7) schmelzen und gut verrühren. In eine Rührschüssel füllen
und über Nacht in den Kühlschrank stellen. Am nächsten Tag steif schlagen
und die Macarons damit füllen.

Tipp Probieren Sie auch die Füllungen von Seite 190. Dulce de Leche eignet
sich besonders gut.

Minikuchen am Stiel

🌱 Backofen auf 170 °C Ober-/Unterhitze vorheizen. Springform (24–26 cm Ø) ausbuttern. Butter und Zucker schaumig schlagen. Eier einzeln einarbeiten. Vanille, Mehl, Backpulver, Kakao und Salz unterheben. Den Teig in die Springform füllen. Auf mittlerer Schiene 30 Minuten backen. Kuchen herausnehmen, aus der Springform lösen und abkühlen lassen.

🌱 Den Kuchen grob zerteilen und in der Küchenmaschine oder mit dem Stabmixer fein zerbröseln. Puderzucker und Mascarpone verrühren und zu den Kuchenbröseln geben. Zu einer glatten Masse rühren. 20 Kugeln aus der Masse formen.

🌱 Schokolade temperieren (Seite 7). Je 1 Lollistiel 5 mm tief in die Schokolade tauchen und in 1 Kugel stecken, fest werden lassen. Die Lollis am Stiel in die Schokolade tauchen, gut abschütteln und mit Zuckerstreuseln dekorieren. In ein Glas stellen und Schokolade fest werden lassen.

Mini-Cupcakes am Stiel Für Mini-Cupcakes (Foto) drücken Sie die Masse etwa 2 cm dick auf die Arbeitsfläche und stechen Kreise (3 cm Ø) als Boden der Cupcakes aus. Das Oberteil aus dem Rest der Masse mit der Hand formen und mit etwas Schokolade festkleben.

Für 20 Stück
Zubereitung: +++
125 g weiche Butter
100 g Zucker
2 Eier
¼ TL gemahlene Vanille
125 g Mehl
1 TL Backpulver
25 g Kakao
1 Prise Salz
80 g Puderzucker
70 g Mascarpone oder
   Frischkäse
400 g weiße Schokolade
Zuckerstreusel

Vanille-Joghurt-Cupcakes

Backofen auf 175 °C Ober-/Unterhitze vorheizen. Eine Muffin-Form
(12 Mulden) ausbuttern oder mit Papierförmchen auslegen. Joghurt, Ei, Öl
und ¼ TL Vanille in einer Schüssel verrühren. Mehl, Zucker, Backpulver, Zitronenschale und Salz in eine zweite Schüssel geben. Die flüssige Mischung
zur trockenen schütten und alles mit dem Teigspatel kurz vermengen. In
die Muffin-Mulden verteilen. Auf mittlerer Schiene 25 Minuten backen.
Cupcakes herausnehmen und abkühlen lassen.

Butter, Puderzucker und restliche Vanille (½ TL) schaumig schlagen
und dabei die Milch zugeben. Die Masse auf den Cupcakes verteilen und
glatt streichen.

Fondant zwischen zwei Lagen Frischhaltefolie oder Backpapier etwa
3 mm dick ausrollen. 12 Kreise in der passenden Größe ausstechen und auf
die Cupcakes legen.

Tipp Das Muster im Fondant bekommt man mit einer speziellen Fondant-
rolle oder Platten, die man in das Fondant drückt. Klebt Fondant beim Ausrollen, besiebt man es mit Puderzucker.

Für 12 Stück
Zubereitung: ++
240 g Joghurt
1 Ei
60 ml Sonnenblumenöl
¾ TL gemahlene Vanille
260 g Mehl
100 g Zucker
2 TL Backpulver
abgeriebene Schale von
  ½ Zitrone
¼ TL Salz
50 g weiche Butter
80 g Puderzucker
1 EL Milch
150 g farbiger Fondant

Backmischungen für Cookies

Backmischungen herstellen Alle Zutaten nacheinander in eine saubere Flasche (750 ml Inhalt) füllen, sodass dekorative Schichten entstehen. Nach jeder Schicht die Flasche etwas auf die Arbeitsfläche klopfen, dann werden die Schichten gleichmäßiger. Das Einfüllen funktioniert am besten mit einer Einfüllhilfe, wie man sie zum Abfüllen von Marmelade verwendet, oder mit einem Trichter.

Verarbeiten der Backmischungen Zusätzlich zur Backmischung werden 175 g Butter und 1 Ei benötigt! Butter schaumig schlagen und das Ei einrühren. Die restlichen Zutaten zugeben und alles zu einem Teig rühren. Mit einem Teelöffel kleine Häufchen auf ein mit Backpapier ausgelegtes Blech setzen. Genügend Abstand zwischen den Häufchen lassen, da sie sehr auseinanderlaufen. Bei 160 °C Ober-/Unterhitze auf der mittleren Schiene 15 Minuten backen.

Mandelcookies
150 g Mehl
1 gestrichener TL Backpulver
¼ TL Salz
¼ TL gemahlene Vanille
90 g brauner Zucker
90 g Zucker
50 g gemahlene Mandeln
100 g gebrannte Mandeln, gehackt
80 g Amarettini, zerbröselt

Walnuss-Cookies
150 g Mehl
1 gestrichener TL Backpulver
¼ TL Salz
¼ TL gemahlene Vanille
90 g brauner Zucker
90 g Zucker
50 g gemahlene Walnusskerne
100 g gehackte Walnusskerne
80 g Vollmilchschokoladentropfen

Für etwa 35 Stück pro Backmischung
Zubereitung: +

Triple-Chocolat-Chip-Cookies
150 g Mehl
1 gestrichener TL Backpulver
¼ TL Salz
¼ TL gemahlene Vanille
90 g brauner Zucker
90 g Zucker
50 g gemahlene Haselnüsse
60 g weiße Schokoladentropfen
60 g Vollmilchschokoladentropfen
60 g Zartbitterschokoladentropfen

Orangen-Cranberry-Cookies
150 g Mehl
1 gestrichener TL Backpulver
¼ TL Salz
¼ TL gemahlene Vanille
90 g brauner Zucker
90 g Zucker
50 g gemahlene Mandeln
100 g getrocknete Cranberrys
80 g Pistazien, gehackt
abgeriebene Schale von 1 Orange

Erdnuss-Karamell-Cookies
150 g Mehl
1 gestrichener TL Backpulver
¼ TL Salz
¼ TL gemahlene Vanille
90 g brauner Zucker
90 g Zucker
50 g Erdnusskerne, gemahlen
100 g gesalzene Erdnusskerne
80 g Karamellbonbons, gehackt

Dreifache Schoko-Cookies
Mandel-Amaretto-Cookies
Walnuss-Gewürz-Cookies

Banoffee-Mini-Tarteletts

🌱 Für die Tarteletts Butter rasch mit Puderzucker verkneten. ¼ TL Vanille und das Ei einarbeiten. Mehl, Kakao und ¼ TL Salz auf einmal dazugeben. Alles zu einem festen Mürbeteig verkneten. Ist der Teig zu bröselig, 1–2 EL kaltes Wasser oder Milch hinzufügen, ist er zu klebrig, etwas Mehl. Zu einer Kugel formen, in Frischhaltefolie wickeln und mindestens 2 Stunden im Kühlschrank ruhen lassen.

🌱 Backofen auf 180 °C Ober-/Unterhitze vorheizen. Den Teig auf bemehlter Arbeitsfläche 2–3 mm dick ausrollen. Kreise (6 cm Ø) ausstechen und in Mini-Tartelett- oder Muffin-Formen (5 cm Ø) drücken. Mit einer Gabel mehrmals den Boden einstechen. Auf mittlerer Schiene 10–12 Minuten backen. Herausnehmen und abkühlen lassen.

🌱 150 g Sahne aufkochen und den Topf vom Herd nehmen. Zucker in einem zweiten Topf karamellisieren. Butter und 1 Prise Salz dazugeben und schmelzen, dann die heiße Sahne. Sollten sich kleine Stücke bilden, bei geringer Hitze rühren, bis sie sich aufgelöst haben. Je etwa 1 TL Karamell auf die Tartelettformen verteilen. Bananen in 5 mm dicke Scheiben schneiden und auf jedes Tartelett 1 Bananenscheibe legen. Restliche Sahne (250 g) mit restlicher Vanille (¼ TL) steif schlagen und auf jede Bananenscheibe 1 TL Sahne geben. Sofort servieren.

Mini-Tarteletts mit Rosencreme Die Tarteletts herstellen und backen wie im Banoffee-Rezept beschrieben. Dabei den Kakao weglassen und 30 g mehr Mehl verwenden. Für die Füllung 250 g Ricotta mit 50 ml Rosenblütensirup, ¼ TL gemahlene Vanille und 1 EL Zitronensaft glatt rühren. 100 g Sahne steif schlagen und unterheben. Die Masse auf den Tarteletts verteilen. Mit je 1 getrockneten Rose oder Rosenblättern verzieren. Sofort servieren. Ergibt 80 Stück (Foto links).
Tipp Außer Rosensirup passen auch andere Sorten (z. B. Holunderblütensirup) zu der Creme.

Für etwa 80 Stück
Zubereitung: +++
200 g kalte Butter, in Stückchen
100 g Puderzucker
½ TL gemahlene Vanille
1 Ei, Größe S
300 g Mehl
30 g Kakao
Salz
400 g Sahne
100 g Zucker
20 g weiche Butter
3 Bananen

Fortsetzung siehe folgende Seite

Mini-Maracuja-Tarteletts Die Tarteletts herstellen und backen wie im Banoffee-Rezept (Seite 89) beschrieben. Dabei den Kakao weglassen und 30 g mehr Mehl verwenden. Für die Füllung 6 Eigelb, 180 g Zucker, 200 g Maracujafruchtfleisch, 200 g Crème fraîche, 2 EL Zitronensaft und 1 Prise Salz in einen Topf geben. Unter ständigem Rühren aufkochen, 1 Minute kochen lassen, bis die Masse eindickt. Den Topf vom Herd nehmen und die Masse durch ein Sieb streichen. 100 g weiche Butter in der Masse schmelzen. Den Belag auf den Tarteletts verteilen und abkühlen lassen. Für die Dekoration Tarteletts mit je 1 Himbeere oder etwas vom restlichen Maracujafleisch belegen. Ergibt 80 Stück.

Mini-Tarteletts mit Cranberryfüllung Die Tarteletts herstellen und backen wie im Banoffee-Rezept (Seite 89) beschrieben. Dabei den Kakao weglassen und 30 g mehr Mehl verwenden. Für die Füllung 1 Blatt Gelatine in etwas kaltem Wasser einweichen. 400 g Cranberrys mit 125 ml Wasser in einen Topf geben und aufkochen. 5–10 Minuten kochen lassen, bis sie zerfallen. Vom Herd nehmen, durch ein Sieb in eine Metallschüssel streichen. 225 g Zucker, ¼ TL Salz und 2 Eier hinzufügen. Masse über dem kochenden Wasserbad (Seite 7) rühren, bis sie etwas eindickt. Gelatine ausdrücken und in der heißen Masse auflösen. 60 g kalte Butter in Stückchen einrühren, bis sie geschmolzen ist. Masse auf den Tarteletts verteilen und fest werden lassen. Ergibt etwa 80 Stück.

Mini-Schokotrüffel-Tarteletts Die Tarteletts herstellen und backen wie im Banoffee-Rezept (Seite 89) beschrieben. Für die Füllung 180 g Sahne in einem kleinen Topf aufkochen und von der Herdplatte nehmen. In einem größeren Topf 100 g Puderzucker bei mittlerer Hitze karamellisieren lassen. Sobald der Zucker beginnt flüssig zu werden, mit einem Holzlöffel umrühren, bis er sich vollständig aufgelöst hat. Die heiße Sahne dazugießen und dabei den Topf von der Herdplatte ziehen. Karamell umrühren, bis sich alle Stückchen aufgelöst haben. 1 EL Honig zugeben und ebenfalls auflösen. 300 g Schokolade (60–70 % Kakaoanteil) hacken, in eine Schüssel geben und mit der heißen Karamellflüssigkeit übergießen. 3 Minuten ruhen lassen und anschließend mit einem Schneebesen verrühren, bis die Schokolade sich aufgelöst hat. 200 g weiche Butter einrühren. Trüffelmasse auf den Tarteletts verteilen und 30 Minuten im Kühlschrank fest werden lassen. Nach Belieben mit Zuckerperlen dekorieren.

Tipp Sollten die Böden der Tarteletts etwas aufgehen, sofort nach dem Herausnehmen einfach herunterdrücken, dann ist der Teig noch weich genug dafür.

Petits Fours mit Himbeer-Trüffel-Füllung

Sahne und Schokolade in eine Metallschüssel geben, über dem Wasserbad (Seite 7) erhitzen, bis die Schokolade geschmolzen ist. Alles gut verrühren und über Nacht in den Kühlschrank stellen.

Eiweiße mit Salz steif schlagen, dabei nach und nach die Hälfte des Zuckers einrieseln lassen. Weiterschlagen, bis eine feste glänzende Masse entstanden ist. Eigelbe mit dem restlichen Zucker und der Vanille aufschlagen, bis eine helle Creme entstanden ist. Mehl und Speisestärke darübersieben und mit einem Drittel des Eischnees unterrühren. Den restlichen Eischnee unter den Teig heben.

Den Backofen auf 200 °C Ober-/Unterhitze vorheizen. Ein Backblech mit Backpapier auslegen. Einen Backrahmen (etwa 26 × 26 cm) daraufsetzen. Den Teig im Backrahmen glatt streichen und auf mittlerer Schiene 10 Minuten backen. Herausnehmen und abkühlen lassen.

Die Schokoladensahne aus dem Kühlschrank nehmen, steif schlagen und auf dem abgekühlten Boden verteilen, etwa ein Viertel der Creme für die Dekoration aufheben. Die Gelatine 5 Minuten in etwas kaltem Wasser einweichen.

Die Himbeeren mit Zucker, Zitronensaft und 100 ml Wasser aufkochen. Die Hitze reduzieren, Himbeeren köcheln lassen, bis sie zerfallen. Den Topf vom Herd nehmen, die Gelatine gut ausdrücken und in der heißen Masse auflösen. Alles etwas abkühlen lassen. Die Himbeermasse auf der Sahneschicht im Backrahmen verteilen. Im Kühlschrank 2 Stunden fest werden lassen.

Aus dem Kühlschrank nehmen, Backrahmen lösen. Teig in Quadrate von 3 × 3 cm schneiden. Die restliche Sahnecreme in einen Spritzbeutel mit Sterntülle (6 mm Ø) füllen und dekorative kleine Häubchen auf jeden Würfel spritzen. Je 1 Zuckerperle auf jedes Häubchen setzen.

Für etwa 60 Stück
Zubereitung: +++
400 g Sahne
200 g weiße Schokolade, gehackt
3 Eiweiß
1 Prise Salz
70 g Zucker
3 Eigelb
¼ TL gemahlene Vanille
40 g Mehl
20 g Speisestärke
7 Blatt Gelatine
400 g Himbeeren
90 g Zucker
1 EL Zitronensaft
Zuckerperlen

Heidelbeer-Cupcakes

Backofen auf 180 °C Ober-/Unterhitze vorheizen. Eine Muffin-Form (12 Mulden) ausbuttern oder mit Papierförmchen auslegen. Butter, 180 g Zucker, Zitronenschale und Vanille schaumig schlagen. Die Eier einzeln einrühren. Mehl, Backpulver und Salz in eine Schüssel sieben, abwechselnd mit der Buttermilch in den Teig rühren. 150 g Heidelbeeren mit der Speisestärke mischen und unter den Teig heben. Teig in den Muffin-Mulden verteilen. Auf mittlerer Schiene 30 Minuten backen. Cupcakes herausnehmen und abkühlen lassen.

Eiweiße, restlichen Zucker (200 g) und Weinsteinbackpulver in einer Metallschüssel vermischen. Über dem kochenden Wasserbad (Seite 7) 3–4 Minuten mit den Rührbesen des Handrührgeräts aufschlagen, herunternehmen und 7–8 Minuten weiterschlagen, bis die Masse glänzend steif und etwas abgekühlt ist. Die restlichen Heidelbeeren (200 g) unterheben. Die Masse auf den Cupcakes verteilen. Mit Zuckerblumen verzieren.

Für 12 Stück
Zubereitung: ++

75 g weiche Butter
380 g Zucker
abgeriebene Schale von
 1 Zitrone
¼ TL gemahlene Vanille
2 Eier
250 g Mehl
1 TL Backpulver
1 Prise Salz
125 ml Buttermilch
350 g Heidelbeeren
1 TL Speisestärke
4 Eiweiß
½ TL Weinsteinback-
 pulver
Zuckerblumen

Foto rechts

Rübli-Cupcakes

Backofen auf 175 °C Ober-/Unterhitze vorheizen. Eine Muffin-Form (12 Mulden) ausbuttern oder mit Papierförmchen auslegen. Eier, Zucker, Honig und die Hälfte der Vanille (¼ TL) aufschlagen, bis eine helle Creme entstanden ist. Mehl, Kokosflocken, Backpulver, Salz, Ingwer, Zimt und Kardamom vermischen und unterrühren. Sonnenblumenöl, geraspelte Möhren und gehackte Walnusskerne nacheinander untermengen. Den Teig auf die Muffin-Mulden verteilen. Auf mittlerer Schiene 25 Minuten backen.

Für die Creme Butter, Frischkäse, Puderzucker und die restliche Vanille (¼ TL) mit den Rührstäben des Handrührgeräts glatt rühren. Es ist sehr wichtig, dass die Butter wirklich weich ist, denn sonst bleiben kleine Klümpchen zurück. Die Creme in einen Spritzbeutel füllen und dekorativ auf die erkalteten Cupcakes verteilen. Mit Zuckerherzen oder anderer Dekoration nach Belieben verzieren.

Für 12 Stück
Zubereitung: +

2 Eier
140 g Zucker
1 EL Honig
½ TL gemahlene Vanille
100 g Mehl
2 EL Kokosflocken
2 TL Backpulver
1 Prise Salz
1 ½ TL gemahlener Ingwer
1 TL gemahlener Zimt
½ TL Kardamom
100 ml Sonnenblumenöl
160 g Möhren, geraspelt
60 g Walnusskerne,
 gehackt
80 g sehr weiche Butter
200 g Frischkäse
100 g Puderzucker
Zuckerherzen

Glückskekse

Kleine Zettelchen mit 48 Weisheiten, Glückwünschen oder anderen Botschaften bereitlegen. Eiweiße schaumig, aber nicht steif schlagen. Mit Salz, Puderzucker und Butter glatt rühren. Anschließend Mehl und Mandeln unterrühren. Milch dazugeben. Der Teig sollte nicht zu flüssig sein, sich dennoch leicht auf Backpapier verteilen lassen. Backofen auf 175 °C Ober-/ Unterhitze vorheizen. Ein Backblech mit Backpapier auslegen.

Jeweils 1 TL Teig auf das Backpapier geben und zu Kreisen mit 8 cm Ø verstreichen. Auf mittlerer Schiene 10 Minuten backen, bis die Ränder leicht gebräunt sind. Die Backofentür öffnen und die Zettel auf den Keksen verteilen. Kekse zuklappen und über einen Becherrand hängen, damit sie die typische Glückskeksform bekommen. Das muss sehr schnell gehen, die Kekse werden sofort hart.

Für etwa 48 Stück
Zubereitung: ++
3 Eiweiß (100 g)
1 Prise Salz
250 g Puderzucker
100 g Butter, zerlassen
120 g Mehl
50 g gemahlene Mandeln
120 ml Milch

Schoko-Cupcakes mit Trüffelhaube

Für die Trüffelhaube 300 g Schokolade in 200 g Sahne über dem Wasserbad schmelzen. In eine Rührschüssel füllen und über Nacht in den Kühlschrank stellen.

Backofen auf 180 °C Ober-/Unterhitze vorheizen. Eine Mini-Muffin-Form (24 Mulden) ausbuttern oder mit Papierförmchen auslegen. Restliche Schokolade (100 g) in der restlichen Sahne (50 g) über dem Wasserbad (Seite 7) schmelzen. Herunternehmen und etwas abkühlen lassen. Butter, 200 g Zucker und Vanille schaumig schlagen. Eier nacheinander gut einrühren.

Mehl, Kakao und Backpulver in eine Schüssel sieben. Mehlmischung abwechselnd mit dem Espresso unter den Teig rühren. Anschließend die geschmolzene Schokolade unterziehen. Den Teig auf die Mulden der Muffin-Form verteilen. Auf mittlerer Schiene 20 Minuten backen. Gartest machen (Seite 7). Cupcakes herausnehmen und abkühlen lassen.

Die Schokosahne aus dem Kühlschrank nehmen, steif schlagen, in einen Spritzbeutel mit Sterntülle (11 mm Ø) füllen und auf die Cupcakes spritzen. Mit Zuckerblumen verzieren.

Schoko-Cupcakes mit Baiserhaube Cupcakes backen wie oben beschrieben. Für die Baiserhaube 5 Eiweiße, 300 g Zucker und 1 TL Weinsteinbackpulver in eine Metallschüssel geben. Über dem kochenden Wasserbad (Seite 7) 3–4 Minuten aufschlagen, herunternehmen und 7–8 Minuten weiterschlagen, bis die Masse glänzend steif und etwas abgekühlt ist. In einen Spritzbeutel mit Lochtülle (11 mm Ø) füllen und auf die Cupcakes spritzen. Cupcakes in den Kühlschrank stellen. 250 g Schokolade (70 % Kakaoanteil) in 2 EL Sonnenblumenöl über dem Wasserbad schmelzen. Herunternehmen und die Cupcakes mit der Baiserhaube in die Schokolade tauchen. Mit ein paar Zuckerperlen verzieren und die Schokolade fest werden lassen.

Für 24 Stück
Zubereitung: ++
400 g Schokolade
    (70 % Kakaoanteil)
250 g Sahne
100 g weiche Butter
500 g Zucker
¼ TL gemahlene Vanille
3 Eier
200 g Mehl
3 EL Kakao
2 TL Backpulver
1 Espresso (30 ml)
Zuckerblumen

Weckmänner

❧ Das Mehl in eine Schüssel geben und eine Mulde in die Mitte drücken. Die Hefe hineinbröckeln und 1 EL des Zuckers darüberstreuen. Milch darübergießen und alles gut verrühren, sodass die Hefe sich auflöst. Abdecken und 20 Minuten gehen lassen.

❧ 1 Ei, Butter, Vanille, Zimt, Salz und den restlichen Zucker dazugeben. Alles zu einem geschmeidigen Teig verkneten. Je länger geknetet wird, desto besser geht der Teig später auf. Abdecken und an einem warmen Ort 1–2 Stunden gehen lassen. Der Teig sollte sein Volumen verdoppeln.

❧ Ein Backblech mit Backpapier auslegen. Den Teig auf der bemehlten Arbeitsfläche etwa 1 cm dick ausrollen und mit einem scharfen Messer Männlein von etwa 20 cm Länge ausschneiden. Ich bastele mir dafür vorher eine Schablone aus Pappe, dann geht das Ausschneiden leichter und die Männer werden gleichmäßig. Die Weckmänner auf das Backpapier legen, abdecken und noch einmal 20 Minuten gehen lassen.

❧ Den Backofen auf 180 °C Ober-/Unterhitze vorheizen. Die Weckmänner mit verquirltem Ei bepinseln. Rosinen als Augen und Knöpfe hineindrücken, ebenso die Pfeifen.

❧ Auf der mittleren Schiene 12 Minuten backen. Herausnehmen und Weckmänner auf einem Kuchengitter abkühlen lassen.

Für etwa 9 Stück
Zubereitung: ++
500 g Mehl
1 Würfel Hefe (42 g)
100 g Zucker
120 ml Milch, lauwarm
2 Eier
60 g Butter, zerlassen
¼ TL gemahlene Vanille
¼ TL gemahlener Zimt
½ TL Salz
1 verquirltes Ei
Rosinen und Pfeifen zum Dekorieren

Krokantplätzchen mit Schokocreme

ohne Backofen

Schokolade und Sahne in einer Metallschüssel unter Rühren über dem Wasserbad (Seite 7) schmelzen. Herunternehmen, die Schokoladencreme auf Zimmertemperatur abkühlen lassen. Ein großes Stück Backpapier auf die Arbeitsfläche legen, ein zweites bereithalten, ebenso ein Nudelholz.

Einen großen Topf mit schwerem Boden auf mittlere Temperatur erhitzen und so viel Zucker einstreuen, dass der Boden bedeckt ist. Sobald der Zucker an den Rändern zu schmelzen beginnt, nach und nach den restlichen Zucker einstreuen. Dabei nicht rühren, nur den Topf etwas hin- und herschwenken, damit der Zucker gleichmäßig karamellisiert. Gegen Ende darf ein bisschen gerührt werden.

Ist der gesamte Zucker geschmolzen, die Butter und das Salz dazugeben und die Hitze reduzieren. Sobald die Butter geschmolzen ist, die Mandeln einrühren. Die Masse auf das Backpapier gießen, mit dem zweiten Stück Backpapier bedecken und rasch zu einer Platte (etwa 30 × 30 cm) ausrollen. Das obere Backpapier abziehen. Den Krokant sofort in Rechtecke (2 × 4 cm) schneiden. Rechtecke abkühlen lassen.

Die Schokoladencreme in einen Spritzbeutel mit flacher Sterntülle (16 mm Ø) füllen und je 1 Krokantrechteck damit bespritzen, ein zweites Rechteck daraufsetzen. Keks mit zwei dekorativen Häubchen Schokoladencreme verzieren. Zuckerperlen nach Wunsch auf die Häubchen setzen.

Für etwa 50 Stück
Zubereitung: +++
250 g Vollmilch-
schokolade
125 g Sahne
400 g Zucker
30 g Butter
¼ TL Salz
100 g gehobelte Mandeln
Zuckerperlen

Himbeer-Domes

Gelatine in etwas kaltem Wasser einweichen. Himbeeren mit 1 EL Zucker, Zitronensaft und 3 EL Wasser in einen Topf geben. Aufkochen, bis die Beeren zerfallen. Vom Herd nehmen und durch ein Sieb streichen. Die Gelatine ausdrücken und in der warmen Himbeermasse auflösen.

Frischkäse mit restlichem Zucker (2 EL) und Vanille verrühren. Sahne steif schlagen. Himbeermasse unter den Frischkäse rühren. Sobald alles zu gelieren beginnt, die Sahne unterheben. Die Masse in den Dome-Formen (4 cm Ø; ersatzweise Mini-Muffin-Form oder andere kleine Form aus Silikon) verteilen, dabei etwa 5 mm nach oben frei lassen für den Boden. Im Kühlschrank in 1–2 Stunden vollständig fest werden lassen.

Für die Böden die Schokolade in einer Metallschüssel über dem Wasserbad (Seite 7) schmelzen. Cornflakes in einen Gefrierbeutel füllen und grob zerbröseln, dann mit der Schokolade vermischen, bis sie vollständig davon bedeckt sind. Auf der Creme in den Mulden verteilen. Formen in den Tiefkühler stellen. Vor dem Servieren herausnehmen und die Domes aus der Form lösen.

Mango-Domes 2 Blatt Gelatine in etwas kaltem Wasser einweichen. Mangopulp mit 2 TL Zitronensaft in einen Topf geben und aufkochen. Vom Herd nehmen und durch ein Sieb streichen. Die Gelatine ausdrücken und in der warmen Mangomasse auflösen. 150 g Joghurt mit 1 EL Zucker und ¼ TL gemahlener Vanille verrühren. 100 g Sahne steif schlagen. Mangomasse unter den Joghurt rühren. Sobald alles zu gelieren beginnt, die Sahne unterheben. Die Masse in den Dome-Formen (4 cm Ø; ersatzweise Mini-Muffin-Form oder andere kleine Form aus Silikon) verteilen, dabei etwa 5 mm nach oben frei lassen für den Boden. Im Kühlschrank in 1–2 Stunden vollständig fest werden lassen. Den Boden wie oben beschrieben zubereiten und auf den Domes verteilen. Bis zum Servieren in den Tiefkühler stellen.

Für etwa 40 Stück
Zubereitung: +++
2 Blatt Gelatine
200 g Himbeeren
3 EL Zucker
1 TL Zitronensaft
150 g Frischkäse
¼ TL gemahlene Vanille
100 g Sahne
160 g weiße Schokolade
80 g Cornflakes

Espresso-Domes 2 Blatt Gelatine etwa 5 Minuten in etwas kaltem Wasser einweichen. Ausdrücken und in 3 heißen Espressi (100 ml) auflösen. 150 g Mascarpone mit 1 EL Zucker und ¼ TL gemahlener Vanille verrühren. 100 g Sahne steif schlagen. Espressogelatine unter den Vanillemascarpone rühren. Sobald alles zu gelieren beginnt, die Sahne unterheben. Die Masse in den Dome-Formen (4 cm Ø; ersatzweise Mini-Muffin-Form oder andere kleine Form aus Silikon) verteilen, dabei etwa 5 mm nach oben frei lassen für den Boden. Im Kühlschrank in 1–2 Stunden vollständig fest werden lassen. Den Boden wie auf Seite 102 beschrieben zubereiten und auf den Domes verteilen. Bis zum Servieren in den Tiefkühler stellen.

Schokoladen-Domes 2 Blatt Gelatine etwa 5 Minuten in etwas kaltem Wasser einweichen. 175 g Schokolade (60–70 % Kakaoanteil), 1 TL Honig und 150 g Sahne in eine Metallschüssel geben. Schokolade in der Sahne über dem Wasserbad (Seite 7) schmelzen. 3 EL Amaretto aufkochen und vom Herd nehmen. Gelatine gut ausdrücken und im Amaretto auflösen. Amarettogelatine in die warme Schokoladenmasse rühren. 5–10 Minuten abkühlen lassen. 100 g Sahne steif schlagen und unterheben. Den Boden wie auf Seite 102 beschrieben zubereiten und auf den Domes verteilen. Bis zum Servieren in den Tiefkühler stellen.

Petits Fours mit Ahornsirupcreme

🌿 Für den Boden Backofen auf 175 °C Ober-/Unterhitze vorheizen. Ein Backblech mit Backpapier auslegen und einen Backrahmen (32 × 28 cm) daraufstellen. Eier, Zucker und Vanille aufschlagen, bis eine helle Creme entstanden ist. Butter und 100 ml Milch vermischen. Mehl, Backpulver und Salz über die Eiermischung sieben und untermengen. Milchmischung einrühren. Die Masse in den Backrahmen füllen. Auf mittlerer Schiene in 15–20 Minuten goldbraun backen. Boden herausnehmen und abkühlen lassen.

🌿 Für die Creme Gelatine in etwas kaltem Wasser einweichen. Schokolade in eine Metallschüssel bröckeln und über dem Wasserbad (Seite 7) schmelzen. Den Boden damit bepinseln. Schokolade fest werden lassen. Eigelbe mit Ahornsirup in einer Metallschüssel verrühren. Restliche Milch (300 ml) in einen Topf geben, aufkochen und vom Herd nehmen. Unter ständigem Rühren in dünnem Strahl in die Eigelbmischung gießen. Eigelbmischung auf das Wasserbad stellen und zur Rose abziehen (Seite 7). Gelatine ausdrücken und in der heißen Masse auflösen. Vom Wasserbad nehmen und Masse etwas abkühlen lassen.

🌿 Die Sahne steif schlagen und unter die Creme heben, sobald diese beginnt zu gelieren. Die Creme auf dem Boden verteilen und im Kühlschrank vollständig fest werden lassen. Das dauert etwa 2 Stunden. Den Kuchen aus dem Backrahmen lösen und in Würfel von 3 × 3 cm schneiden. Auf jeden Würfel eine Schablone legen, Kakao darübersieben.

Tipp Hübsche Schablonen für den Kakao findet man im Bastelgeschäft.

Für 100 Stück
Zubereitung: +++
3 Eier
200 g Zucker
¼ TL gemahlene Vanille
50 g Butter, zerlassen
400 ml Milch
180 g Mehl
2 TL Backpulver
1 Prise Salz
7 Blatt Gelatine
100 g Schokolade
  (60–70 % Kakaoanteil)
4 Eigelb
100 ml Ahornsirup
250 g Sahne
Kakao

Osterhasenlollis

🌱 Butter rasch mit Puderzucker verkneten. Vanille und Ei einarbeiten.
Mehl und Salz auf einmal dazugeben. Alles zu einem festen Mürbeteig
verkneten. Ist der Teig zu bröselig, 1–2 EL kaltes Wasser oder Milch hinzufügen, ist er zu klebrig, etwas Mehl. Zu einer Kugel formen, in Frischhaltefolie wickeln und mindestens 2 Stunden im Kühlschrank ruhen lassen.

🌱 Backofen auf 180 °C Ober-/Unterhitze vorheizen. Ein Backblech mit
Backpapier auslegen. Den Teig auf bemehlter Arbeitsfläche 3 mm dick ausrollen. Hasenköpfe ausstechen. Je 1 Kopf auf das Backpapier legen und
1 Lollistiel darauflegen. Nach Belieben noch einen Klecks Konfitüre da-
raufgeben. Einen zweiten Hasenkopf darauflegen. Auf mittlerer Schiene
10–12 Minuten backen. Herausnehmen und abkühlen lassen.

🌱 Vollmilchschokolade temperieren (Seite 7) und die Hasenlollis eintauchen. Schokolade gut abschütteln, Gebäck auf Backpapier legen,
Schokolade fest werden lassen. Weiße Schokolade schmelzen, in einen
Gefrierbeutel füllen und eine kleine Ecke abschneiden. Hasengesichter
auf die Lollis malen.

Tipp Zur Deko kann man auch fertige Zuckerschrift verwenden.

Frühlingsblumenlollis Als Ausstecher große Blüten statt der Hasenköpfe
verwenden. Den Überzug mit weißer Schokolade machen und als Deko
z. B. Zuckerperlen mit Zuckerguss auf den Blumen festkleben.

**Für etwa 30 Stück
Zubereitung: +++**
200 g kalte Butter, in
  Stückchen
100 g Puderzucker
¼ TL gemahlene Vanille
1 Ei, Größe S
330 g Mehl
¼ TL Salz
Konfitüre nach
  Geschmack
400 g Vollmilch-
  schokolade
50 g weiße Schokolade

Frischkäse-Cupcakes mit Zitronen-Topping

Eine Muffin-Form (12 Mulden) mit Papierförmchen auslegen. Für den Boden die Kekse zerbröseln und in eine Schüssel geben. Die zerlassene Butter dazugeben, alles verrühren. Die Keksmasse auf den Böden der Papierformen festdrücken und abkühlen lassen.

Backofen auf 150 °C Ober-/Unterhitze vorheizen. Frischkäse, Zucker und Speisestärke verrühren. Vanille, Salz, die Schale von 1 Zitrone und den Sauerrahm untermengen. 2 Eier bei geringer Geschwindigkeit nacheinander einrühren. Die Käsemasse in die Mulden verteilen. Auf mittlerer Schiene 25–30 Minuten backen. Die Masse sollte fest sein, aber in der Mitte noch etwas wackeln, wenn man gegen das Blech stößt. Das Blech herausnehmen, auf ein Kuchengitter stellen und die Cupcakes abkühlen lassen.

Für das Zitronen-Topping restliche Eier (3), Zucker, restliche Zitronenschale (von 1 Zitrone) und Zitronensaft in einer Metallschüssel verrühren. Über dem Wasserbad (Seite 7) unter Rühren langsam erhitzen, bis die Masse eindickt. Die Schüssel vom Wasserbad nehmen und die Creme durch ein Sieb streichen, um eventuell geronnene Stückchen Ei zu entfernen. Butter einrühren, bis sie geschmolzen ist. Sofort mit Frischhaltefolie abdecken, damit sich keine Haut bildet. Abkühlen lassen. Vor dem Servieren über die Cupcakes löffeln. Nach Belieben mit je 1 Blüte dekorieren.

Frischkäse-Cupcakes mit Himbeerswirl 80 g Himbeeren, 1 TL Zucker und 1 TL Zitronensaft pürieren und durch ein Sieb streichen. Cupcakes backen wie oben beschrieben, dabei vor dem Backen auf jeden Cupcake mit dem Himbeerpüree ein paar Punkte tropfen. Mit einem Holzstäbchen durch die Punkte streichen, sodass eine Marmorierung entsteht.

Frischkäse-Cupcakes mit Ingwer Für den Boden Schokokekse verwenden und der Frischkäsemasse 1 EL frisch geriebene Ingwerwurzel hinzufügen. Cupcakes nach dem Backen und Abkühlen mit Schokoladenraspeln bestreuen.

Espresso-Frischkäse-Cupcakes 2 TL Instant-Espressopulver in die Käsemasse rühren.

Maracuja-Frischkäse-Cupcakes Fruchtfleisch von 4 Maracujas mit 1 EL Zitronensaft aufkochen und durch ein Sieb streichen. Fruchtmus unter die Frischkäsemasse rühren.

Für 12 Stück
Zubereitung: ++

100 g Vollkornbutterkekse

50 g Butter, zerlassen

450 g Frischkäse

280 g Zucker

1 EL Speisestärke

¼ TL gemahlene Vanille

¼ TL Salz

abgeriebene Schale von 2 Zitronen

125 g Sauerrahm

5 Eier

80 ml Zitronensaft

60 g kalte Butter, in Stückchen

Blüten nach Belieben zum Verzieren

Chai-Mini-Cupcakes

Milch aufkochen, den Topf vom Herd nehmen, Teebeutel hineinhängen und 10 Minuten ziehen lassen. Beutel gut ausdrücken und entfernen. Abkühlen lassen. Backofen auf 175 °C Ober-/Unterhitze vorheizen. Mini-Cupcake-Formen ausbuttern oder mit Papierförmchen auslegen.

Mehl mit Backpulver, ½ TL Salz, Pfeffer, Zimt, Ingwer, Kardamom und Gewürznelke in eine Schüssel sieben. Die Hälfte der Butter (80 g) mit dem braunen Zucker schaumig schlagen, die Eier einzeln unterrühren. Gewürz-Mehl-Mischung abwechselnd mit der Teemilch unter den Teig rühren. In die Formen verteilen. Auf mittlerer Schiene in 10–12 Minuten goldbraun backen. Cupcakes herausnehmen, aus der Form lösen und auf einem Küchengitter abkühlen lassen.

Für den Guss die restliche Butter (80 g) und den Puderzucker schaumig schlagen, dann die Kondensmilch und 1 Prise Salz einrühren. Je 1 Teelöffel Guss auf einen Cupcake geben und mit Zuckerperlen verzieren.

Für etwa 30 Stück
Zubereitung: ++

180 ml Milch
2 Beutel schwarzer Tee
130 g Mehl
1 ½ TL Backpulver
Salz
¼ TL gemahlener Pfeffer
¼ TL gemahlener Zimt
¼ TL gemahlener Ingwer
¼ TL gemahlener Kardamom
1 Messerspitze gemahlene Gewürznelke
160 g weiche Butter
160 g brauner Zucker
2 Eier
100 g Puderzucker
120 g gezuckerte Kondensmilch
Zuckerperlen

Mini-Cupcakes mit Mohn und Zitrone

Backofen auf 180 °C Ober-/Unterhitze vorheizen. Mini-Muffin-Form (24 Mulden) ausbuttern oder mit Papierförmchen auslegen. Butter, Zucker und Vanille aufschlagen, bis eine helle Creme entstanden ist. Eier einzeln etwa 30 Sekunden einrühren. Zitronenschale hinzufügen. Mehl, Backpulver und Salz in eine Schüssel sieben und den geriebenen Mohn untermischen. Abwechseln mit der Hälfte des Zitronensafts (30 ml) unterrühren. Teig in die Mulden der Muffin-Form verteilen. Auf mittlerer Schiene 20 Minuten backen. Muffins herausnehmen, aus der Form lösen und auf einem Kuchengitter abkühlen lassen.

Für den Guss Puderzucker und restlichen Zitronensaft (30 ml) verrühren. Dabei Zitronensaft nach und nach zugeben, bis die gewünschte Konsistenz erreicht ist. Auf jeden Muffin ½ TL Guss geben, verstreichen oder dekorativ an den Seiten herunterlaufen lassen und mit je 1 Geleefrucht belegen.

Für etwa 24 Stück
Zubereitung: ++
120 g weiche Butter
100 g Zucker
¼ TL gemahlene Vanille
2 Eier
abgeriebene Schale von
  ½ Zitrone
130 g Mehl
1 TL Backpulver
1 Prise Salz
1 EL geriebener Mohn
60 ml Zitronensaft
100 g Puderzucker
Mini-Geleefrüchte zum
  Verzieren

Käsekuchenwürfel

Für den Boden die Kekse und die Kokosflocken in einer Schüssel vermischen. Die zerlassene Butter dazugeben, alles verrühren. Backpapier auf ein Arbeitsbrett legen und einen Backrahmen (20 × 24 cm) daraufstellen. Die Keksmasse auf dem Boden festdrücken und abkühlen lassen.

Gelatine 5 Minuten in etwas kaltem Wasser einweichen. Frischkäse, Crème fraîche, 150 g Zucker, Vanille, Zitronenschale und Salz glatt rühren. Zitronensaft erwärmen und die ausgedrückte Gelatine darin auflösen. 1 EL Käsecreme unterrühren. Die Mischung mit der restlichen Creme verrühren. Sahne steif schlagen und unterheben. Käsemasse auf dem Boden verteilen. 2 Stunden im Kühlschrank fest werden lassen.

Eiweiße, restlichen Zucker (100 g) und Weinsteinbackpulver in einer Metallschüssel verrühren. Über dem kochenden Wasserbad (Seite 7) 3–4 Minuten aufschlagen. Schüssel herunternehmen und Masse 7–8 Minuten weiterschlagen, bis die Masse glänzend steif und etwas abgekühlt ist. Den Käsekuchen aus dem Backrahmen lösen und in Würfel (2 × 2 cm) schneiden. Eiweißmasse in einen Spritzbeutel mit Sterntülle (10 mm Ø) füllen und einen Tupfen davon auf jeden Würfel spritzen.

Für etwa 100 Stück
Zubereitung: ++
200 g Butterkekse, zerbröselt
2 EL Kokosflocken
50 g Butter, zerlassen
7 Blatt Gelatine
400 g Frischkäse
150 g Crème fraîche
250 g Zucker
¼ TL gemahlene Vanille
abgeriebene Schale von 1 Zitrone
1 Prise Salz
80 ml Zitronensaft
150 g Sahne
2 Eiweiß
¼ TL Weinsteinbackpulver

Zu Kaffee
und Tee

Marzipantörtchen

🥄 Den Backofen auf 175 °C Ober-/Unterhitze vorheizen. Butter und Marzipan schaumig rühren. Eier und Eigelb einzeln nacheinander gut einrühren. Mehl und Salz einarbeiten. Eine Mini-Muffin-Form (24 Mulden) ausbuttern. Die Mandelblättchen mit den Händen grob zerkleinern und auf die Mulden verteilen. Die Form schütteln, sodass sie sich auch an den Rändern verteilen. In jede Mulde 1 großen EL Teig geben. Auf mittlerer Schiene 20 Minuten backen. Herausnehmen und abkühlen lassen.

🥄 Für den Guss Mascarpone, Sahne, Amaretto, Zucker und Vanille glatt rühren. Jeweils 1 Klecks davon auf 1 Törtchen geben und mit frischen Beeren nach Geschmack verzieren. Sofort servieren.

Für 24 Stück
Zubereitung: ++
120 g weiche Butter
250 g Marzipanrohmasse,
   in kleinen Stückchen
   oder gerieben
2 Eier
1 Eigelb
30 g Mehl
1 Prise Salz
40 g Mandelblättchen
200 g Mascarpone
2 EL Sahne
2 EL Amaretto
2 TL Zucker
¼ TL gemahlene Vanille
frische Beeren

Foto Seite 114/115

Zimt-Zucker-Muffins

🥄 Backofen auf 180 °C Ober-/Unterhitze vorheizen. Muffin-Form (12 Mulden) ausbuttern oder mit Papierförmchen auslegen. Mehl, Backpulver und Salz in eine Schüssel sieben und 100 g Zucker einrühren. 80 g zerlassene Butter, die Milch und das Ei verrühren und zur Mehlmischung geben. Mit einem Teigspatel nur kurz verrühren. Den Teig in die Mulden der Muffin-Form verteilen. Auf mittlerer Schiene 20–25 Minuten backen (Gartest machen, Seite 7). Herausnehmen und 5 Minuten abkühlen lassen. Restlichen Zucker (80 g) mit dem Zimt vermischen. Muffins aus den Formen lösen. Zuerst in die restliche zerlassene Butter tauchen, dann im Zimtzucker wälzen. Auf einem Kuchengitter abkühlen lassen.

Für 12 Stück
Zubereitung: +
200 g Mehl
1 ½ TL Backpulver
¼ TL Salz
180 g Zucker
160 g Butter, zerlassen
120 ml Milch
1 Ei
1 TL gemahlener Zimt

Foto rechts

Apfel-Muffins mit Walnussstreuseln

Für den Teig 120 g Mehl, Speisestärke, Backpulver und 1 Prise Salz in eine Schüssel sieben. Die Butter mit den Rührstäben des Handrührgeräts auf höchster Stufe schaumig schlagen, 100 g Zucker und ¼ TL Vanille dazugeben. Die Eier einzeln gut unterrühren. Die Mehlmischung abwechselnd mit dem Sauerrahm bei niedriger Geschwindigkeit einrühren.

Für die Streusel Walnusskerne, restlichen Zucker (30 g), Melasse, Zimt, restliche Vanille (¼ TL), 1 Prise Salz, restliches Mehl (20 g) und die kalte Butter mit den Händen rasch zu Streuseln verkneten. Backofen auf 175 °C Ober-/Unterhitze vorheizen. Eine Mini-Muffin-Form (24 Mulden) ausbuttern oder mit Papierförmchen auslegen. Den Teig in den Mulden der Muffin-Form verteilen.

Die Äpfel schälen, vierteln, das Kerngehäuse entfernen und das Fruchtfleisch in kleine Würfel schneiden. Apfelwürfel auf dem Teig verteilen, die Streusel darübergeben. Auf mittlerer Schiene 30–35 Minuten backen. Gartest machen (Seite 7). Muffins herausnehmen und abkühlen lassen.

Für etwa 30 Stück
Zubereitung: ++
140 g Mehl
20 g Speisestärke
1 TL Backpulver
Salz
125 g weiche Butter
130 g Zucker
½ TL gemahlene Vanille
2 Eier
100 g Sauerrahm
50 g Walnusskerne, grob
   gehackt
1 TL Melasse
1 gestrichener TL
   gemahlener Zimt
25 g kalte Butter
2 Äpfel

Buttermilch-Muffins mit Streuseln

🐦 Backofen auf 175 °C Ober-/Unterhitze vorheizen. Muffin-Form (12 Mulden) ausbuttern oder mit Papierförmchen auslegen. Buttermilch, Eier und Vanille verrühren. In einer zweiten Schüssel Mehl, Zucker, Backpulver und Salz vermischen. Die Butterstückchen dazugeben. Alles mit den Händen oder der Küchenmaschine rasch zu Streuseln verarbeiten. Ein Drittel der Streusel (etwa 200 g) beiseitestellen.

🐦 Die restlichen Streusel mit der Buttermilchmischung verrühren. Die Masse auf die Mulden der Muffin-Form verteilen. Die Streusel darüberstreuen. Auf mittlerer Schiene 30 Minuten backen. Gartest machen (Seite 7). Herausnehmen, etwas abkühlen lassen und zum vollständigen Abkühlen auf ein Kuchengitter setzen.

Beeren-Muffins Ich mag die Muffins zwar pur am liebsten, aber wem das zu langweilig ist, der kann 250 g Beeren und die abgeriebene Schale von 1 Zitrone unter den Teig heben.

Für 12 Stück
Zubereitung: +
160 ml Buttermilch
2 Eier
¼ TL gemahlene Vanille
330 g Mehl
160 g Zucker
2 TL Backpulver
½ TL Salz
130 g kalte Butter, in
    Stückchen

Mini-Tiramisu-Kuchen

Backofen auf 160 °C Ober-/Unterhitze vorheizen. Mini-Gugelhupf-Formen (24 Mulden, 4,5 cm Ø) oder 2 Muffin-Formen (12 Mulden) ausbuttern oder mit Papierförmchen auslegen. Milch und Vanilleschote in einen Topf geben und aufkochen. Vom Herd nehmen und die Butter in der Vanillemilch schmelzen, beiseitestellen.

Eier, 3 Eigelbe und 200 g Zucker 5 Minuten aufschlagen, bis eine helle Creme entstanden ist. Mehl, Backpulver und Salz in eine Schüssel sieben und bei geringer Geschwindigkeit in die Eiercreme rühren. Vanilleschote aus der Milch entfernen. Vanillemilch unter ständigem Rühren in dünnem Strahl in den Teig gießen.

Teig auf die Formen verteilen. Auf mittlerer Schiene 25 Minuten (Muffin-Form 30 Minuten) backen. Herausnehmen und abkühlen lassen. Mini-Kuchen aus den Formen lösen und auf ein Kuchengitter setzen. 50 g Zucker in den heißen Espresso rühren, dann den Amaretto einrühren. Über jeden Mini-Kuchen 1–2 EL der Kaffeemischung gießen.

Die restlichen Eigelbe (3), den restlichen Zucker (60 g) und den Honig aufschlagen, bis eine helle Creme entstanden ist. Mascarpone unterrühren. Die Masse in die Mitte der Gugelhupfe füllen (bzw. auf die Muffins löffeln). Nach Belieben mit Schokobohnen verzieren. Sofort servieren.

Für etwa 24 Stück
Zubereitung: +++
60 ml Milch
1 Vanilleschote, aufgeschlitzt
80 g Butter
3 Eier
6 Eigelb
310 g Zucker
160 g Mehl
1 gestrichenen TL Backpulver
½ TL Salz
80 ml heißen Espresso
30 ml Amaretto
1 TL Honig
200 g Mascarpone
Schokobohnen nach Belieben

Whoopies klassisch

Backofen auf 180 °C Ober-/Unterhitze vorheizen. Eine Whoopie-Form ausbuttern. (Das ist eine flache Muffin-Form. Wer keine hat, kann die Whoopies auch ohne Form backen.) 125 g Butter und braunen Zucker schaumig schlagen. Das Ei und ¼ TL Vanille zugeben und gut einrühren. Mehl, Kakao, Backpulver und Salz in eine Schüssel sieben. Kondensmilch und Sauerrahm abwechselnd mit der Mehlmischung zur Buttermasse geben. Am Schluss 100 ml warmes Wasser unterrühren.

Jeweils 1 EL Teig in die Mulden der Whoopie-Form geben. (Ohne Form: Je 1 EL Teig mit etwas Abstand auf ein mit Backpapier belegtes Blech drücken.) Auf mittlerer Schiene 12 Minuten backen. Herausnehmen und auf einem Kuchengitter abkühlen lassen.

Marshmallowfluff und die restliche Butter (125 g) verrühren. Puderzucker, restliche Vanille (¼ TL) und Milch dazugeben. Masse in 3–5 Minuten schaumig schlagen. In einen Spritzbeutel mit Lochtülle (11 cm Ø) füllen und auf die Hälfte der Whoopies spritzen. Creme mit je einem zweiten Whoopie abdecken.

Erdbeer-Whoopies 40 g Kakao durch Mehl ersetzen. Teig zubereiten und backen wie oben beschrieben. Für die Füllung 100 g Erdbeerkonfitüre in einem Topf erwärmen und durch ein Sieb streichen. 200 g Mascarpone mit 1 gehäuften EL Zucker glatt rühren. 50 g Sahne hinzufügen und die Masse so lange aufschlagen, bis die Masse fest wird, dann die Konfitüre unterrühren. Die Masse in einen Spritzbeutel füllen und die Whoopies wie oben beschrieben füllen.

Für etwa 12 Stück
Zubereitung: ++
250 g weiche Butter
200 g brauner Zucker
1 Ei
½ TL gemahlene Vanille
280 g Mehl
40 g Kakao
2 TL Backpulver
½ TL Salz
125 ml Kondensmilch
125 g Sauerrahm
200 g Marshmallowfluff
200 g Puderzucker
40 ml Milch

Hefeschnecken mit Füllung

Das Mehl in eine Schüssel geben und eine Mulde in die Mitte drücken. Die Hefe hineinbröckeln und 1 EL des Zuckers darüberstreuen. Milch darübergießen und alles gut verrühren, sodass die Hefe sich auflöst. Abdecken und 20 Minuten gehen lassen.

1 Ei, Eigelb, Butter, Vanille, Zimt, Salz und den restlichen Zucker dazugeben. Alles zu einem geschmeidigen Teig verkneten. Je länger geknetet wird, desto besser geht der Teig später auf. Abdecken und an einem warmen Ort 1–2 Stunden gehen lassen. Der Teig sollte sein Volumen verdoppeln.

Eine Muffin-Form (12 Mulden) mit Papierförmchen auskleiden. Den Teig zu einer Platte von etwa 30 × 40 cm ausrollen. Die Füllung (verschiedene Rezepte siehe nachfolgend) auf der Platte verteilen und diese von der breiten Seite her aufrollen. Die Enden mit etwas Wasser bepinseln und die Rollen fest verschließen. Mit einem Wellenschliffmesser in 3 cm breite Scheiben schneiden. Die Scheiben in die Mulden der Muffin-Form legen. Abdecken und 20 Minuten gehen lassen.

Den Backofen auf 180 °C Ober-/Unterhitze vorheizen. Das restliche Ei verquirlen und die Schnecken damit bestreichen. Auf mittlerer Schiene 20 Minuten backen.

Apfel-Zimt-Marzipanfüllung 90 g weiche Butter, 100 g Marzipanrohmasse, 40 g braunen Zucker, ¼ TL gemahlene Vanille und 1 TL Zimt schaumig aufschlagen. Die Masse auf der Teigplatte (siehe Rezept Hefeschnecken) verteilen, dabei einen 1 cm breiten Rand frei lassen. 1 Apfel schälen, reiben und mit 1 TL Zitronensaft vermischen. Die Apfelraspel auf der Buttermasse verteilen. Fortfahren wie oben beschrieben.

Safranfüllung 1 ¼ TL Safranfäden mit 1 TL Zucker im Mörser zerstoßen. 300 ml Milch in einem Topf aufkochen, 60 g Hartweizengrieß und 60 g Zucker einrühren. 1 Minute kochen lassen. Den Topf vom Herd nehmen und 50 g Butter in der Masse schmelzen. 1 Eigelb einrühren. Masse etwas abkühlen lassen, dann auf der Teigplatte (siehe Rezept Hefeschnecken) verteilen und nach Belieben mit 50 g Rosinen bestreuen. Fortfahren wie oben beschrieben.

Rhabarberfüllung 200 g Rhabarber, 20 ml Zitronensaft, 25 ml Wasser, 70 g Zucker und 1 Vanilleschote in einen Topf geben. Aufkochen und so lange köcheln lassen, bis der Rhabarber zerfällt und die meiste Flüssigkeit verdampft ist. Vom Herd nehmen und abkühlen lassen. Auf der Teigplatte (siehe Rezept Hefeschnecken) verteilen. Fortfahren wie oben beschrieben.

Für jeweils 12 Stück
Zubereitung: ++
375 g Mehl
½ Würfel Hefe (21 g)
40 g Zucker
110 ml lauwarme Milch
2 Eier
1 Eigelb
40 g Butter, zerlassen
¼ TL gemahlene Vanille
1 Prise gemahlener Zimt
¼ TL Salz

Nussfüllung 50 g Butter, 30 g Honig, 20 ml Rum, 20 g Semmelbrösel,
100 g gemahlene Walnusskerne (oder Haselnusskerne), abgeriebene Schale von ¼ Orange in eine Pfanne geben und ein paar Minuten unter Rühren
bräunen. Vom Herd nehmen und abkühlen lassen. Auf der Teigplatte (siehe
Rezept Hefeschnecken) verteilen. 100 g Marzipanrohmasse reiben und auf
die Nussmasse streuen. Fortfahren wie auf Seite 126 beschrieben.

Mohnrollen

Für die Füllung Milch, Honig, Zucker, Marzipanstückchen, Vanille und Salz in einen kleinen Topf geben. Aufkochen und umrühren, bis sich das Marzipan aufgelöst hat. Mohn und Mandeln dazugeben und noch einmal kurz aufwallen lassen. Vom Herd nehmen und die Butter dazugeben. Verrühren, bis sich die Butter aufgelöst hat. Ganz am Schluss das Eigelb einrühren. Die Füllung abkühlen lassen. Den Backofen auf 180 °C Ober-/Unterhitze vorheizen. Ein Backblech mit Backpapier auslegen.

Für den Teig Quark, Öl, 2 Eier, Zucker und Vanille verrühren. Mehl, Backpulver und Salz vermischen und mit der Quarkmasse vermengen. Den Teig zu einem Kreis (40 cm Ø) ausrollen und mit einem Pizzaschneider oder Wellenschliffmesser in 16 Tortenstücke schneiden. Die Stücke mit der Füllung bestreichen und von der breiten Seite her aufrollen. Auf das Backpapier legen. Das restliche Ei mit der Milch verquirlen und die Mohnrollen damit bepinseln. Auf mittlerer Schiene in etwa 20 Minuten goldbraun backen.

Tipp Die Rollen schmecken auch mit den Füllungen für die Hefeschnecken auf Seite 126/127. Aber auch nur mit Marmelade gefüllt, sind sie sehr lecker. Im Vergleich zu Hefeteig ist das Gebäck mit Quark-Öl-Teig viel schneller gemacht.

Für jeweils 16 Stück
Zubereitung: ++

Mohnfüllung:
125 ml Milch
1 TL Honig
30 g Zucker
40 g Marzipanrohmasse, in kleinen Stücken
¼ TL gemahlene Vanille
1 Prise Salz
70 g gemahlener Mohn
3 EL gemahlene Mandeln
20 g Butter
1 Eigelb

Quark-Öl-Teig:
200 g Quark
80 ml Öl
3 Eier
100 g Zucker
¼ TL gemahlene Vanille
400 g Mehl
4 TL Backpulver
¼ TL Prise Salz
3 EL Milch

Mini-Krapfen

ohne Backofen

Das Mehl in eine Schüssel geben und eine Mulde in die Mitte drücken. Die Hefe hineinbröckeln und 1 EL des Zuckers darüberstreuen. Milch darübergießen und alles gut verrühren, sodass die Hefe sich auflöst. Abdecken und 20 Minuten gehen lassen.

Ei, Butter, Vanille, Zimt, Salz und den restlichen Zucker dazugeben. Alles zu einem geschmeidigen Teig verkneten. Je länger geknetet wird, desto besser geht der Teig später auf. Abdecken und an einem warmen Ort 1–2 Stunden gehen lassen. Der Teig sollte sein Volumen verdoppeln.

Frittierfett erhitzen. Aus dem Teig mit den Händen kleine Kugeln formen. Je nach Größe 2–5 Minuten auf beiden Seiten frittieren. Herausnehmen und auf Küchenpapier abtropfen lassen. Zum Füllen nach Belieben Konfitüre, Pudding oder Nutella in einen Spritzbeutel mit Fülltülle geben und in die Krapfen spritzen. Je 1 TL rosa Zuckerguss auf jeden Krapfen löffeln. Mit Zuckerperlen verzieren.

Donuts sind die amerikanischen Verwandten der Krapfen. Den aufgegangenen Hefeteig 5 mm dick ausrollen. Kreise von 5,5 cm Ø ausstechen. Mit einem kleinen Ausstecher (2,5 cm Ø) in der Mitte ein Loch ausstechen. Kringel auf Backpapier legen, mit einem Tuch abdecken und noch einmal 15 Minuten gehen lassen. Im heißen Fett 1–2 Minuten von jeder Seite frittieren. 150 g Schokolade temperieren (Seite 7), 4 EL Zuckerstreusel auf einen Teller geben. Die Donuts zuerst in die Schokolade tauchen, dann in die Zuckerstreusel. Auf einem Kuchengitter fest werden lassen. Ergibt etwa 90 Stück.

Für etwa 60 Stück
Zubereitung: ++
500 g Mehl
1 Würfel Hefe (42 g)
100 g Zucker
120 ml Milch, lauwarm
1 Ei
60 g Butter
¼ TL gemahlene Vanille
¼ TL gemahlener Zimt
½ TL Salz
Fett zum Frittieren
Konfitüre, Pudding oder
   Nutella zum Füllen
rosa Zuckerguss
   (Seite 188)
kleine Zuckerperlen

Topfenstrudelsäckchen

Weiche Butter mit Zucker, Zitronenschale und Vanille schaumig schlagen. Zitronensaft, Topfen und Ei unterrühren. Speisestärke und Salz dazugeben. Die Aprikosen fein hacken. Dazu am besten mit etwas Mehl bestreuen, denn dann kleben sie nicht so sehr. Gehackte Aprikosen unter die Quarkmasse heben.

Backofen auf 180 °C Ober-/Unterhitze vorheizen. Mini-Muffin-Form (24 Mulden) ausbuttern oder mit Papierförmchen auslegen. Strudelteig auf der Arbeitsfläche ausbreiten und in Quadrate von 10 cm Seitenlänge schneiden. Teigquadrate abdecken, damit sie nicht austrocknen.

Jeweils 1 Strudelquadrat mit Butter bepinseln, ein zweites versetzt darauflegen, ebenfalls mit Butter bestreichen und beide Blätter in je eine Mulde der Muffin-Form legen. 1 TL Quarkmasse hineingeben. Mit den überstehenden Rändern verschließen und die Säckchen mit zerlassener Butter bestreichen. Auf mittlerer Schiene 18 Minuten backen.

Klassische Topfenstrudelsäckchen Einfach statt Aprikosen Rosinen verwenden.

Für 24 Stück
Zubereitung: +++

25 g weiche Butter
50 g Zucker
abgeriebene Schale von
   1 Zitrone
¼ TL gemahlene Vanille
2 TL Zitronensaft
200 g Topfen, gut
   abgetropft
1 Ei
2 TL Speisestärke
1 Prise Salz
60 g getrocknete
   Aprikosen
Mehl zum Bestreuen
1 Paket Strudelteig (120 g)
50 g Butter, zerlassen

Strudelnester mit frischen Beeren

🌿 Backofen auf 175 °C Ober-/Unterhitze vorheizen. Mini-Muffin-Form (24 Mulden) ausbuttern und mit dünnen Streifen Backpapier auslegen, sodass man die Nester nach dem Backen an den Enden herausheben kann. Strudelteig in 48 Quadrate (7 × 7 cm) schneiden. Abdecken, weil der Teig schnell eintrocknet.

🌿 Jeweils ein Strudelteigquadrat mit der flüssigen Butter bepinseln und mit Puderzucker bestäuben. Ein zweites Strudelteigquadrat darauflegen, ebenfalls mit Butter bepinseln und mit Puderzucker bestäuben. Die doppelten Teigquadrate in die Mulden der Muffin-Form legen und am Rand andrücken. Auf mittlerer Schiene 8–10 Minuten backen. Herausnehmen und abkühlen lassen.

🌿 Für die Füllung Milch und Vanilleschote in einen Topf geben und aufkochen. Vom Herd nehmen, Vanilleschote entfernen. Speisestärke, Sahne, Zucker und Eigelb glatt rühren. Milchmischung unter die Sahnemischung rühren. Alles wieder in den Topf gießen und erneut unter ständigem Rühren aufkochen lassen, bis die Creme etwas eindickt. Den Topf vom Herd nehmen und die Creme auf die Teigschalen verteilen. Abkühlen lassen und mit Beeren nach Geschmack und Jahreszeit belegen. Sofort servieren.

Für 24 Stück
Zubereitung: +++
60 g Strudelteig
40 g Butter, zerlassen
4 EL Puderzucker
125 ml Milch
1 Vanilleschote,
   aufgeschlitzt
1 EL Speisestärke
75 g Sahne
3 TL Zucker
1 Eigelb
250 g gemischte Beeren

Mini-Gugelhupf

Backofen auf 200 °C Ober-/Unterhitze vorheizen. Mini-Gugelhupf-Formen (4 cm Ø) ausbuttern. Butter, Puderzucker und Vanille schaumig schlagen, dann das Ei einrühren. Sahne steif schlagen und unterheben. Das Mehl und das Salz über die Masse sieben und alles schnell verrühren, bis ein homogener Teig entstanden ist. Die Formen bis zum Rand mit dem Teig füllen. Auf mittlerer Schiene 14 Minuten backen.

Himbeer-Orangen-Gugelhupf Mit dem Mehl die abgeriebene Schale von 1 Orange, 70 g Himbeeren und 1 EL Grand Marnier in den Teig einarbeiten.

Johannisbeer-Marzipan-Gugelhupf Mit dem Mehl 50 g Johannisbeeren, 50 g Marzipanrohmasse in kleinen Würfeln und 1 EL Amaretto in den Teig einarbeiten.

Für 20 Stück
Zubereitung: +
80 g Butter
70 g Puderzucker
¼ TL gemahlene Vanille
1 Ei
50 g Sahne
100 g Mehl
1 Prise Salz

Getränkte Orangenstreifen

Den Backofen auf 180 °C Ober-/Unterhitze vorheizen. Ein Backblech mit Backpapier auslegen und einen Backrahmen daraufstellen (25 × 25 cm). Butter und 150 g Zucker schaumig schlagen. Die Eier einzeln zugeben und gut einrühren. Mehl, Backpulver und Salz in eine Schüssel sieben, mit den Mandeln vermischen. Zur Eier-Butter-Mischung geben. Den Teig in den Backrahmen füllen. Auf mittlerer Schiene 20 Minuten backen.

Für den Sirup Orangenschale, Orangensaft, restlichen Zucker (120 g) und 50 ml Wasser in einen Topf geben. Aufkochen und 5 Minuten kochen lassen. Vom Herd nehmen und den Grand Marnier einrühren. Kuchen aus dem Ofen nehmen und sofort mit dem heißen Sirup tränken. Den Kuchen abkühlen lassen, aus dem Backrahmen lösen und umdrehen.

Schokolade temperieren (Seite 7). Den Kuchen mit der Schokolade bestreichen, ein Stück Backpapier darauflegen und wieder umdrehen. Schokolade fest werden lassen. Den Kuchen in Rechtecke (6 × 3 cm) schneiden.

Für etwa 30 Stück
Zubereitung: ++
150 g weiche Butter
270 g Zucker
4 Eier
100 g Mehl
1 TL Backpulver
1 Prise Salz
60 g gemahlene Mandeln
abgeriebene Schale von
   1 Orange
120 ml Orangensaft
2 EL Grand Marnier
100 g Schokolade
   (60–70 % Kakaoanteil)

Bananen-Schokoladen-Taler

Den Backofen auf 175 °C Ober-/Unterhitze vorheizen. Ein Backblech mit Backpapier auslegen und einen Backrahmen (28 × 35 cm) daraufstellen. Butter, Zucker und Vanille schaumig schlagen. Die Eier einzeln gut einrühren. Mehl, Kakao, Backpulver und Salz in eine Schüssel sieben.

Bananen mit Sauerrahm pürieren. Mehlmischung und Bananenmischung abwechselnd zur Eier-Butter-Masse geben und einarbeiten. Den Teig in den Backrahmen füllen. Auf mittlerer Schiene 25–30 Minuten backen. Herausnehmen und abkühlen lassen.

Das Marzipan zu einer Platte (28 × 35 cm) ausrollen. (Schön ist ein Nudelholz mit Prägemuster.) Marzipanplatte auf den Kuchen legen. 50–60 Kreise (4 cm Ø) ausstechen.

Für 50–60 Stück
Zubereitung: +
160 g Butter
220 g Zucker
¼ TL gemahlene Vanille
3 Eier
150 g Mehl
30 g Kakao
2 TL Backpulver
¼ TL Salz
330 g Bananen, zerdrückt
250 g Sauerrahm
400 g Marzipanrohmasse

Brownies

Backofen auf 160 °C Ober-/Unterhitze vorheizen. Eine feuerfeste Form (20 × 20 cm) mit Backpapier auslegen. Schokolade und Butter in eine Metallschüssel geben und über dem Wasserbad (Seite 7) schmelzen. Herunternehmen, Zucker und Vanille einrühren. Masse etwas abkühlen lassen. Mit einem Schneebesen nacheinander Eier, Mehl und Salz einrühren. Teig in die Form füllen. Auf mittlerer Schiene 30 Minuten backen. Herausnehmen und auf einem Kuchengitter abkühlen lassen. Zum Servieren in Rechtecke schneiden.

Brownies mit Schokoladensahne 100 g Sahne aufkochen und über 100 g gehackte oder gemahlene Schokolade (60–70 % Kakaoanteil) gießen, 1 Minute ruhen lassen und dann umrühren, bis die Schokolade geschmolzen ist. 1 TL weiche Butter dazugeben und ebenfalls schmelzen lassen. Die Schokoladensahne auf dem abgekühlten Browie-Boden (Rezept siehe oben) verteilen. Zum Servieren in Rechtecke schneiden.

Brownies mit Marshmallow-Nuss-Knusper Brownies wie oben beschrieben backen und nach 25 Minuten Backzeit herausnehmen. Mit 100 g Schokoladentropfen, 150 g Mini-Marshmallows und 60 g gehackten Nusskernen nach Geschmack bestreuen. Weitere 5 Minuten backen, bis die Marshmallows zu schmelzen beginnen. Herausnehmen und auf einem Kuchengitter abkühlen lassen. Zum Servieren in Rechtecke schneiden (Foto, links).

Nusskaramell-Brownies 120 g Sahne in einem Töpfchen erwärmen. In einem großen Topf 225 g Zucker, 5 TL Wasser, ¼ TL Vanille und ¼ TL Salz unter Rühren aufkochen. Etwa 5 Minuten ohne zu rühren köcheln lassen, bis der Zucker hellbraun karamellisiert ist. Die warme Sahne dazugeben – Achtung, wallt stark auf! 200 g ganze Walnuss- oder Pekannusskerne einrühren. Den Nusskaramell auf dem noch warmen Brownie-Boden (Rezept siehe oben) verteilen. Zum Servieren in Rechtecke schneiden (Foto, Mitte).

Frischkäse-Brownies 250 g Frischkäse, 75 g Zucker und ¼ TL gemahlene Vanille glatt rühren. 1 Ei unterrühren. Drei Viertel des Brownie-Teiges (Rezepte siehe oben) in eine ausgebutterte, feuerfeste Form (20 × 26 cm) füllen. Die Frischkäsemasse auf den Teig geben und glatt streichen. Restlichen Teig in kleinen Häufchen auf dem Frischkäse verteilen. Mit einem Messer durch beide Massen streichen, sodass eine leichte Marmorierung entsteht. Im vorgeheizten Backofen bei 160 °C Ober-/Unterhitze 30 Minuten backen. Herausnehmen und auf einem Kuchengitter abkühlen lassen. Zum Servieren in Rechtecke schneiden (Foto, rechts).

Für etwa 10 Stück
Zubereitung: +

125 g Schokolade, grob gehackt (60–70 % Kakaoanteil)
110 g Butter
200 g Zucker
¼ TL gemahlene Vanille
3 Eier
80 g Mehl
¼ TL Salz

Schillerlocken mit Whiskeysahne

Backofen auf 200 °C Ober-/Unterhitze vorheizen. Ein Backblech mit Backpapier auslegen. Blätterteigplatten auf knapp die doppelte Größe (16 × 20 cm) ausrollen und in 32 Streifen von etwa 2 cm Breite und 20 cm Länge schneiden. Die Streifen leicht überlappend um Schillerlocken-Formen drehen. Auf das Backpapier legen, mit Ei bepinseln und mit Hagelzucker bestreuen. Auf mittlerer Schiene in 10–12 Minuten goldbraun backen. Herausnehmen, abkühlen lassen und die Formen entfernen.

Für die Füllung Sahne, Vanillezucker und Baileys vermischen und halb steif schlagen. Sahnesteif einrieseln lassen und etwas weiterschlagen, bis die Sahne fest ist. Die Füllung in einen Spritzbeutel mit Lochtülle (10 mm Ø) füllen und in die Schillerlocken spritzen. Sofort servieren.

Tipp Das Gebäck kann auch nur mit Vanillesahne oder einer Cremefüllung (z. B. von Seite 190) gefüllt werden.

Für 32 Stück
Zubereitung: ++
4 Platten Blätterteig (tiefgekühlt, 300 g)
1 Ei, verquirlt
Hagelzucker zum Bestreuen
100 g Sahne
2 TL Vanillezucker
25 ml Baileys
1 TL Sahnesteif

Calvados-Babas

🌱 Das Mehl in eine Schüssel geben und eine Mulde in die Mitte drücken. Die Hefe hineinbröckeln und 2 EL Zucker (40 g) darüberstreuen. Milch darübergießen und alles gut verrühren, sodass die Hefe sich auflöst. Abdecken und 20 Minuten gehen lassen.

🌱 Eigelb, Ei, Apfelmus, Vanille, Salz, Zitronenschale und Butter dazugeben. Alles zu einem geschmeidigen Teig verkneten. Je länger geknetet wird, desto besser geht der Teig später auf. Abdecken und an einem warmen Ort 1–2 Stunden gehen lassen. Der Teig sollte sein Volumen verdoppeln.

🌱 Baba-, Mini-Gugelhupf oder Muffin-Formen ausbuttern. Den Teig in die Formen geben. Nicht zu voll machen, die Babas gehen sehr auf. Noch einmal 20 Minuten gehen lassen. Backofen auf 180 °C Ober-/Unterhitze vorheizen. Auf mittlerer Schiene 20 Minuten backen.

🌱 Für den Sirup 250 ml Wasser mit dem restlichen Zucker (125 g) in einen Topf geben. Aufkochen und 1 Minute kochen lassen. Topf vom Herd nehmen und den Calvados hinzufügen. Babas aus dem Ofen nehmen, aus den Formen lösen und auf ein Kuchengitter setzen. Von allen Seiten mit dem Sirup begießen, bis er aufgebraucht ist. Mit einem Teller dabei den heruntertropfenden Sirup auffangen und ihn erneut über die Babas gießen. Je feuchter die Babas sind, desto besser schmecken sie.

Grand-Marnier-Babas Calvados durch Grand Marnier ersetzen.

Kaffee-Babas Calvados durch Kaffeelikör ersetzen.

Amaretto-Babas Calvados durch Amaretto ersetzen.

Für 10–12 Stück
Zubereitung: ++
250 g Mehl
½ Würfel Hefe (20 g)
165 g Zucker
80 ml Milch, lauwarm
1 Eigelb
1 Ei
2 EL Apfelmus (50 g)
½ TL gemahlene Vanille
½ TL Salz
abgeriebene Schale von
    1 Zitrone
70 g Butter, zerlassen
80 ml Calvados

Gefüllte Frischkäsehörnchen

Mehl, Puderzucker, Salz und Vanille in einer Schüssel verrühren. Butter und Frischkäse dazugeben und alles rasch zu einem Teig verkneten. Zu einer Kugel formen, in Frischhaltefolie wickeln und 2 Stunden im Kühlschrank ruhen lassen.

Den Backofen auf 180 °C Ober-/Unterhitze vorheizen. Ein Backblech mit Backpapier auslegen. Den Teig in zwei Teile teilen und jedes Teil zu einem Kreis (30 cm Ø) ausrollen. Füllung nach Wahl (siehe unten) auf dem Teig verteilen. Jeden Kreis mit einem Pizzaschneider in zwölf Stücke schneiden. Jedes Stück von der breiten Seite her aufrollen. Die Spitzen andrücken.

Die Hörnchen auf das Backpapier legen. Ei und Milch verquirlen und die Hörnchen damit bestreichen. Auf mittlerer Schiene 20 Minuten backen. Herausnehmen und auf einem Kuchengitter abkühlen lassen. Mit Puderzucker bestäuben.

Aprikosen-Marzipan-Füllung Die Teigkreise mit 100 g Aprikosenkonfitüre bestreichen und 100 g Marzipanrohmasse darüberreiben. (Das geht am besten, wenn das Marzipan vorher im Kühlschrank war.)

Zimt-Schokoladen-Füllung Die Teigkreise mit 25 g zerlassener Butter bepinseln, 80 g geriebene Schokolade (70 % Kakaoanteil) daraufstreuen. 60 g Zucker und 1 TL Zimt vermischen. Auf die Schokolade streuen.

Walnussfüllung Die Teigplatte mit 150 g Dulce de Leche (Seite 190) bestreichen und mit 60 g gehackten Walnusskernen bestreuen.

Für 24 Stück
Zubereitung: ++
300 g Mehl
50 g Puderzucker
¼ TL Salz
¼ TL gemahlene Vanille
200 g kalte Butter, in
　Stückchen
250 g Frischkäse
1 Ei
2 EL Milch
Puderzucker

Es weihnachtet

Zimtsterne

🌿 Eiweiße mit Salz steif schlagen, dabei den Puderzucker nach und nach einrieseln lassen. Weiterschlagen, bis eine feste glänzende Masse entstanden ist. Ein Drittel (etwa 120 g) des Eischnees für die Glasur beiseitestellen. Restlichen Eischnee, Zimt, Marzipan und gemahlene Mandeln gut vermengen. Die Mandeln am besten nicht alle auf einmal zugeben, damit der Teig nicht zu fest wird. Teig zur Kugel rollen, in Frischhaltefolie wickeln und 1 Stunde im Kühlschrank ruhen lassen.

🌿 Backofen auf 170 °C Ober-/Unterhitze vorheizen. Ein Backblech mit Backpapier auslegen. 2 EL gemahlene Mandeln mit den Keksbröseln oder Semmelbröseln mischen und auf einem Stück Backpapier verteilen. Den Teig darauf etwa 8 mm dick ausrollen. Sterne (6 cm Ø) ausstechen. Das geht am besten mit einem feuchten Ausstecher. Sterne auf das Backpapier legen und mit dem beiseitegestellten Eischnee bestreichen. Auf mittlerer Schiene 10 Minuten backen.

Für etwa 30 Stück
Zubereitung: ++

3 Eiweiß
1 Prise Salz
300 g Puderzucker
10 g Zimt
120 g Marzipanrohmasse, gerieben
300 g gemahlene Mandeln + 2 EL zum Ausrollen
30 g gemahlene Kekse oder Semmelbrösel

Ochsenaugen

Butter rasch mit dem Puderzucker verkneten. Vanille und Ei einarbeiten. Mehl und ¼ TL Salz auf einmal dazugeben. Alles zu einem festen Mürbeteig verkneten. Ist der Teig zu bröselig, 1–2 EL kaltes Wasser oder Milch hinzufügen, ist er zu klebrig, etwas Mehl. Zu einer Kugel formen, in Frischhaltefolie wickeln und mindestens 2 Stunden im Kühlschrank ruhen lassen.

Backofen auf 180 °C Ober-/Unterhitze vorheizen. Ein Backblech mit Backpapier auslegen. Teig auf der bemehlten Arbeitsfläche etwa 5 mm dick ausrollen. Kreise (4,5 cm Ø) ausstechen und auf das Backpapier legen. Auf mittlerer Schiene 10 Minuten backen. Herausnehmen und auf dem Blech lassen. Backofentemperatur auf 190 °C Oberhitze/Grillfunktion erhöhen.

Marzipan, Eigelbe, Zitronenschale und 1 Prise Salz in der Küchenmaschine oder mit den Rührstäben des Handrührgeräts verrühren. Die Masse in einen Spritzbeutel mit Sterntülle (9 mm Ø) geben und auf den Außenrand der Kekse spritzen. Im Backofen 5 Minuten grillen, bis die Spitzen goldbraun sind. Himbeerkonfitüre etwas erwärmen und in einen Spritzbeutel mit Lochtülle (5 mm Ø) füllen. Konfitüre in die Mitte der Ochsenaugen spritzen. Abkühlen lassen.

Für etwa 60 Stück
Zubereitung: ++
200 g kalte Butter, in
  Stückchen
100 g Puderzucker
¼ TL gemahlene Vanille
1 Ei, Größe S
330 g Mehl
Salz
400 g Marzipanrohmasse
  in Stückchen oder
  gerieben
4 Eigelb
abgeriebene Schale von
  1 Zitrone
150 g Himbeerkonfitüre

Vanillekipferl

Butter mit Zucker schaumig schlagen. Eigelbe einzeln einrühren, dann die Mandeln. Das Mehl mit dem Salz über den Teig sieben. Alles rasch verkneten. Den Teig zu 2 dicken Rollen formen, in Frischhaltefolie wickeln und 2 Stunden im Kühlschrank ruhen lassen.

Backofen auf 175 °C Ober-/Unterhitze vorheizen. Ein Backblech mit Backpapier auslegen. Die Teigrollen in 1 cm dicke Scheiben schneiden. Aus jeder Scheibe ein Kipferl formen und auf das Backpapier legen. Auf mittlerer Schiene 12 Minuten backen. Herausnehmen und etwa 3 Minuten abkühlen lassen. Puderzucker mit Vanille vermischen und die Kipferl darin wälzen. Auf einem Kuchengitter abkühlen lassen.

Für etwa 60 Stück
Zubereitung: +

200 g weiche Butter
90 g Zucker
2 Eigelb
100 g gemahlene Mandeln
280 g Mehl
1 Prise Salz
100 g Puderzucker
1 TL gemahlene Vanille

Linzer Plätzchen

🥨 Mehl, Mandeln, Zucker, Salz, Gewürznelke und Zimt in einer Schüssel vermischen. Butter dazugeben und alles möglichst rasch mit den Händen zu einem bröseligen Teig verkneten. Zitronenschale und Eigelbe leicht verquirlen und zum Teig geben. Mit den Rührstäben des Handrührgeräts einarbeiten. Dabei nur so lange rühren, bis alle Zutaten verbunden sind. Anschließend Teig zur Kugel formen, in Frischhaltefolie verpacken und mindestens 2 Stunden oder über Nacht im Kühlschrank ruhen lassen.

🥨 Teig aus dem Kühlschrank nehmen. Backofen auf 175 °C Ober-/Unterhitze vorheizen. Ein Backblech mit Backpapier auslegen. Teig zwischen zwei Lagen Backpapier (oder Frischhaltefolie) ausrollen. Kekse nach Belieben ausstechen. Aus jedem zweiten Keks in der Mitte z. B. einen kleinen Kreis ausstechen. Auf das Backpapier legen. Auf mittlerer Schiene 10–12 Minuten backen. Herausnehmen und etwas abkühlen lassen.

🥨 Die Konfitüre vorsichtig erwärmen, bis sie weich wird. Jeweils auf 1 warmen Keks ohne Loch einen Klecks Konfitüre geben. 1 Keks mit Loch daraufsetzen und etwas andrücken. Auf einem Kuchengitter vollständig abkühlen lassen.

Für etwa 40 Stück
Zubereitung: ++
200 g Mehl
340 g gemahlene
   Mandeln
160 g Zucker
¼ TL Salz
1 Prise gemahlene
   Gewürznelke
2 TL gemahlener Zimt
220 g kalte Butter, in
   Stückchen
½ TL abgeriebene
   Zitronenschale
4 Eigelb
200 g Himbeerkonfitüre

Lebkuchen mit Zuckerguss

Eier mit 175 g Zucker in eine Metallschüssel geben und über dem Wasserbad (Seite 7) schaumig rühren. Die Masse darf nur warm, nicht heiß werden. Vom Wasserbad nehmen und weiterschlagen, bis sie wieder etwas abgekühlt ist. Mandeln, Zitronat und Orangeat in der Küchenmaschine fein zermahlen – ich mag es nicht, wenn im Gebäck Stücke sind. Mehl, Zimt, Salz und Lebkuchengewürz dazugeben. Alles unter die Eier-Zucker-Mischung heben.

Ein Backblech mit Backpapier auslegen und Oblaten auf das Backpapier legen. Auf die Unterseite jeder Oblate ein kleines Stück Butter setzen, dann verrutschen sie nicht. Auf jede Oblate 1 EL Teig geben und mit einem Messer, dass zwischendurch immer wieder in heißes Wasser getaucht wird, den Teig zum Rand hin abfallend verstreichen. Die Lebkuchen über Nacht trocknen lassen.

Backofen auf 175 °C Ober-/Unterhitze vorheizen. Lebkuchen auf mittlerer Schiene 15 Minuten backen. Sie dürfen nur an der Oberfläche kross sein, innen müssen sie weich bleiben. Herausnehmen und abkühlen lassen.

Für die Glasur den restlichen Zucker (125 g), 80 ml Wasser und den Zitronensaft in einen Topf geben. Unter Rühren kurz aufkochen und vom Herd nehmen. Lebkuchen damit bestreichen und mit je vier Mandelhälften belegen.

Für etwa 20 Stück
Zubereitung: +++

2 Eier
300 g Zucker
250 g gemahlene
   Mandeln
25 g gewürfeltes Zitronat
25 g gewürfeltes Oran-
   geat
60 g Mehl
1 TL Zimt
1 Prise Salz
1½ TL Lebkuchengewürz
Butter
1 EL Zitronensaft
80 Mandelhälften

Schokoladenlebkuchen 100 g Kuvertüre über dem Wasserbad (Seite 7) schmelzen und die Lebkuchen statt Zuckerguss damit bestreichen.

Feine Lebkuchen mit Aprikosen und Marzipan
50 g getrocknete Aprikosen und 50 g Marzipanrohmasse anstelle von Orangeat und Zitronat verwenden.

Nussmakronen

Gemahlene Haselnusskerne in einer Pfanne ohne Fett anrösten, bis sie leicht Farbe annehmen. Die Pfanne vom Herd nehmen und sofort in eine Metallschüssel schütten. Abkühlen lassen. Backofen auf 170 °C Ober-/Unterhitze vorheizen. Ein Backblech mit Backpapier auslegen.

Zucker, Eiweiße, Marzipan und Salz zu den gemahlenen Nusskernen geben. Die Masse unter Rühren mit einem Teigspatel über dem Wasserbad (Seite 7) auf etwa 80 °C erwärmen. Herunternehmen, Zimt und Kakao über die Masse sieben und einrühren. Abkühlen lassen.

Masse in einen Spritzbeutel mit Lochtülle (11 mm Ø) füllen. Walnussgroße Tupfen auf das Backpapier spritzen. Auf jeden Keks 1 Haselnusskern stecken. Auf mittlerer Schiene 18 Minuten backen. Makronen herausnehmen, abkühlen lassen und vom Backpapier lösen.

Für etwa 60 Stück
Zubereitung: +++

230 g gemahlene
   Haselnusskerne

260 g Zucker

4 Eiweiß (130 g)

50 g Marzipanrohmasse,
   gerieben oder in kleinen
   Stückchen

1 Prise Salz

1 gestrichener TL
   gemahlener Zimt

1 gestrichener TL Kakao

etwa 60 ganze Haselnuss-
   kerne

Husarenkipferl

Butter mit 100 g Puderzucker und Zitronenschale schaumig schlagen. Die Eigelbe einzeln nacheinander einrühren, dann Mandeln und Zitronensaft, Mehl und Salz zum Schluss. Den Teig abdecken und 2 Stunden in den Kühlschrank stellen.

Backofen auf 160 °C Ober-/Unterhitze vorheizen. Ein Backblech mit Backpapier auslegen. Aus dem Teig walnussgroße Kugeln (10 g) formen und mit etwas Abstand auf das Backpapier setzen. Mit dem Ende eines Kochlöffelstiels Mulden in die Kugeln drücken. Den Stiel dabei immer wieder in Mehl tauchen, damit er nicht klebt.

Das Gelee glatt rühren und in einen Spritzbeutel mit kleiner Tülle geben. (Ersatzweise von einem Gefrierbeutel eine kleine Ecke abschneiden oder eine Papierspritztüte nehmen.) Das Gelee in die Mulden spritzen. Auf mittlerer Schiene 15 Minuten backen. Husarenkrapfen herausnehmen, vom Backpapier lösen und auf einem Kuchengitter abkühlen lassen. Mit dem restlichen Puderzucker (30 g) bestäuben.

Für etwa 60 Stück
Zubereitung: +++
175 g weiche Butter
130 g Puderzucker
abgeriebene Schale von
   1 Zitrone
4 Eigelb
100 g gemahlene
   Mandeln
3 EL Zitronensaft
200 g Mehl
1 Prise Salz
100 g Johannisbeergelee

Baumkuchenecken

Backofen auf 210 °C Oberhitze vorheizen. Ein Backblech mit Backpapier auslegen. Die Eier trennen. Das Marzipan etwas zerbröseln. Eigelbe, Butter, Marzipan, Zitronenschale, Vanillemark und die Hälfte des Zuckers aufschlagen, bis eine helle Creme entstanden ist.

Eiweiße mit Salz steif schlagen, dabei den restlichen Zucker (75 g) einrieseln lassen. Weiterschlagen, bis eine feste glänzende Masse entstanden ist. Ein Drittel des Eischnees in die Marzipanmasse rühren, Mehl und Speisestärke darübersieben und mit einem Teigspatel unterheben. Restlichen Eischnee ebenfalls vorsichtig unterheben.

Einen Backrahmen (20 × 30 cm) auf das Backblech stellen. 3 EL Teig innerhalb des Rahmens auf das Backpapier streichen. 2–5 Minuten auf mittlerer Schiene backen. Ich mache das nach Sicht. Die Oberfläche sollte mittelbraun sein. Anschließend wieder 3 EL Teig auf der gebackenen Schicht verteilen und backen. So fortfahren bis der Teig aufgebraucht ist.

Baumkuchen herausnehmen und abkühlen lassen. In Rechtecke schneiden (à 6 × 3 cm). Schokolade temperieren (Seite 7) und die Baumkuchenecken damit überziehen.

Tipp Die Zutaten sollten Zimmertemperatur haben. Das Marzipan hinterlässt sonst Stückchen und verbindet sich nicht mit den anderen Zutaten.

Lebkuchenmännchen

Butter, Honig, Zucker, Lebkuchengewürz und Kakao in einen Topf geben und bei kleiner Hitze langsam erwärmen. Dabei etwas rühren, damit sich der Zucker auflöst. Sobald alles gut vermischt ist, den Topf vom Herd nehmen. Alles etwas abkühlen lassen.

Salz, Mehl und Backpulver in eine Schüssel sieben. Honigmasse und Ei dazugeben und alles zu einem klebrigen, schweren Teig rühren. Das geht am besten mit einer Küchenmaschine oder den Knethaken des Handrührgeräts. Der Teig wird beim vollständigen Abkühlen noch fester. 12–24 Stunden abgedeckt bei Raumtemperatur ruhen lassen.

Den Backofen auf 200 °C Ober-/Unterhitze vorheizen. Ein Backblech mit Backpapier auslegen. Den Teig 1 cm dick ausrollen und Männlein ausstechen. Auf das Backpapier legen. Auf mittlerer Schiene 10 Minuten backen. Herausnehmen und abkühlen lassen. Männlein mit Zuckerguss bemalen.

Tipp Rechtzeitig vor Weihnachten backen und in einer gut verschlossenen Dose lagern, damit die Lebkuchen Zeit haben, weich zu werden. Aus dem gleichen Teig kann man zum Volksfest Lebkuchenherzen backen.

Für etwa 16 Stück
Zubereitung: +
100 g Butter
275 g Honig
125 g Zucker
3 TL Lebkuchengewürz
2 EL Kakao (15 g)
¼ TL Salz
600 g Mehl
2 TL Backpulver
1 Ei
Zuckerguss (Seite 188)

Dominosteine

🌶 Für den Teig Honig und 40 g Zucker in einem Topf langsam erwärmen, dabei rühren, bis sich der Zucker aufgelöst hat. Den Topf vom Herd nehmen und die Butter in der warmen Masse schmelzen. Alles etwas abkühlen lassen. Das Ei unterrühren. Mehl, Natron, Lebkuchengewürz und Salz darübersieben. Alles zu einem festen Teig verkneten. Abgedeckt bei Zimmertemperatur über Nacht ruhen lassen.

🌶 Backofen auf 180 °C Ober-/Unterhitze vorheizen. Ein Backblech mit Backpapier auslegen und einen Backrahmen bereitlegen. Den Teig auf bemehlter Arbeitsfläche zu einer Platte von etwa 20 × 24 cm ausrollen, auf das Backpapier legen und den Backrahmen darumlegen. Auf mittlerer Schiene 12 Minuten backen. Herausnehmen und Boden mit Eiweiß bepinseln, noch einmal für 1 Minute in den Ofen schieben. Den Boden herausnehmen und abkühlen lassen.

🌶 Für das Gelee Gelatine in etwas kaltem Wasser einweichen. Aprikosen abtropfen lassen und mit dem restlichen Zucker (100 g), dem Grand Marnier und dem Zitronensaft pürieren. Etwa ein Drittel der Masse erwärmen und die ausgedrückte Gelatine darin auflösen. Zum restlichen Püree geben und auf dem Boden verteilen. Im Kühlschrank 2 Stunden fest werden lassen.

🌶 Marzipan mit Puderzucker und Mandeln kurz verkneten, am besten nicht mit den Händen, weil das Marzipan sonst ölig werden kann. Zu einer Platte von 20 × 24 cm ausrollen. Auf die Geleeschicht legen. Backrahmen entfernen und den Block mit einem scharfen Messer in Würfel (2 × 2 cm) schneiden. Schokolade temperieren (Seite 7). Die Würfel mithilfe einer Pralinengabel in die Schokolade tauchen, auf Backpapier setzen und Schokolade fest werden lassen.

Tipp Dominosteine direkt nach dem Eintauchen in die Schokolade nach Belieben verzieren.

Für etwa 100 Stück
Zubereitung: +++
60 g Honig
140 g Zucker
40 g Butter
1 Ei
150 g Mehl
1 TL Natron
2 TL Lebkuchengewürz
1 Prise Salz
1 Eiweiß
8 Blatt Gelatine
1 große Dose Aprikosen
  (480 g)
3 EL Grand Marnier
2 EL Zitronensaft
300 g Marzipanrohmasse
80 g Puderzucker
1 EL gemahlene Mandeln
500 g Schokolade
  (60 – 70 % Kakaoanteil)

Spritzgebäck

Backofen auf 180 °C Ober-/Unterhitze vorheizen. Ein Backblech mit Backpapier auslegen. Butter mit Puderzucker schaumig schlagen, dann das Ei einrühren und anschließend die Mandeln. Mehl und Salz darübersieben. Alles zu einem geschmeidigen Teig rühren. In einen Spritzbeutel mit Sterntülle (7 mm Ø) geben und nach Belieben Kringel, Streifen oder Herzen auf das Backpapier spritzen. Auf mittlerer Schiene 8 Minuten backen. Herausnehmen und abkühlen lassen.

Tipp Nach Belieben kann man Spritzgebäck auch halb oder ganz in geschmolzene Schokolade tauchen, anschließend auf ein Stück Backpapier legen und Schokolade fest werden lassen.

Sesamspritzgebäck Aus dem Teig Ringe von etwa 5 cm Ø auf ein mit Backpapier belegtes Blech spritzen. 12 Karamellbonbons fein hacken oder mahlen und in die Mitte der Ringe verteilen. 1 EL hellen und 1 EL dunklen Sesam mischen und zum Karamell geben. Dann backen wie oben beschrieben.

Für etwa 70–80 Stück
Zubereitung: +
250 g weiche Butter
140 g Puderzucker
1 Ei
100 g gemahlene
  Mandeln
250 g Mehl
¼ TL Salz

Mini-Stollen

Rosinen und Korinthen so lange waschen, bis das Wasser klar ist, dann auf einem Handtuch trocknen lassen. In eine Schüssel füllen und so viel Rum darübergießen, dass die Trockenfrüchte gerade so davon bedeckt sind. Über Nacht ziehen lassen. Durch ein Sieb abgießen und mit 2 EL Mehl vermischen. Mit Zitronat, Orangeat, Bittermandeln und Mandeln vermengen. Beiseitestellen.

Mehl in eine Schüssel geben und eine Mulde in die Mitte drücken. Hefe hineinbröckeln und 1 EL des Zuckers darüberstreuen. Drei Viertel der Milch darübergießen und alles gut verrühren, sodass die Hefe sich auflöst. Abdecken und 20 Minuten gehen lassen.

Restliche Milch, restlichen Zucker, 230 g zerlassene Butter, Zitronenschale, Kardamom, Muskatblüte und Salz zum Vorteig hinzufügen. Alles zu einem geschmeidigen Teig verkneten. Je länger geknetet wird, desto besser geht der Teig auf. Die Rosinenmischung dazugeben, nur noch so lange kneten, bis sich alles gleichmäßig verteilt hat. Abdecken und an einem warmen Ort 2 Stunden gehen lassen.

Ein Backblech mit Backpapier auslegen. Aus dem Hefeteig 32 Kugeln formen, auf das Backpapier legen und abgedeckt weitere 20 Minuten gehen lassen. Backofen auf 175 °C Ober-/Unterhitze vorheizen. Auf mittlerer Schiene 35 Minuten backen. Mini-Stollen herausnehmen und auf ein Kuchengitter setzen. Mit der restlichen Butter (120 g) bestreichen und mit dem Puderzucker bestäuben.

Tipp Stollen sollte vor dem Verzehr mindestens 2 Wochen gelagert werden. Ich verpacke ihn dafür in Alufolie und stelle ihn an einen kühlen Ort. Aus dem Teig kann natürlich auch 1 großer Stollen gebacken werden, die Backzeit verlängert sich dann auf etwa 70 Minuten.

Für etwa 32 Stück
Zubereitung: ++

250 g Rosinen
75 g Korinthen
Rum
500 g Mehl + 2 EL für die Rosinen
75 g Zitronat, fein gehackt
50 g Orangeat, fein gehackt
25 g Bittermandeln, gehackt
75 g gehackte Mandeln
1 Würfel Hefe (42 g)
100 g Zucker
125 ml lauwarme Milch
350 g Butter, zerlassen
abgeriebene Schale von 1 Zitrone
¼ TL Kardamom
¼ TL Muskatblüte
¼ TL Salz
6 EL Puderzucker

Bethmännchen

Backofen auf 160 °C Ober-/Unterhitze vorheizen. Ein Backblech mit Backpapier auslegen. Marzipan, Honig, Mehl, Salz und gemahlene Mandeln zu einem glatten Teig verkneten. Daraus kirschgroße Kugeln formen und auf das Backpapier legen. In jede Kugel 3 Mandelhälften drücken. Auf der mittleren Schiene 15 Minuten backen, dann herausnehmen. Zucker und Rosenwasser in einen Topf geben und aufkochen. Den Sirup vom Herd nehmen. Die Bethmännchen sofort nach dem Herausnehmen dünn mit dem Sirup bestreichen.

Tipp Für die besondere Note zur Verzierung Salzmandeln verwenden.

Für etwa 50 Stück
Zubereitung: +

400 g Marzipanrohmasse

50 g Honig

30 g Mehl, gesiebt

1 Prise Salz

80 g gemahlene Mandeln

100 g blanchierte
　　Mandeln, längs halbiert

3 EL Zucker

3 EL Rosenwasser

Foto rechts

Springerle

Eier trennen. Eiweiße mit Salz steif schlagen, dabei den Puderzucker einrieseln lassen und weiterschlagen, bis er sich aufgelöst hat. Eigelbe in den Eischnee rühren und dann nach und nach das Mehl, Zitronenschale und Anis. Den Teig mindestens 3 Stunden im Kühlschrank ruhen lassen.

Backblech mit Backpapier auslegen. Teig auf bemehlter Arbeitsfläche 5 mm dick ausrollen und dünn mit Mehl bestäuben. Springerlemodel hineindrücken, Model abnehmen und Springerle mit einem Messer ausschneiden. Auf das Backpapier legen und abgedeckt etwa 24 Stunden trocknen lassen.

Backofen auf 175 °C Ober-/Unterhitze vorheizen. Springerle auf mittlerer Schiene 8–10 Minuten backen, bis die Unterseite goldgelb ist. Die Oberseite muss hell bleiben. Herausnehmen und abkühlen lassen.

Tipp Springerle sind sehr hart, deshalb sollte man sie in einem luftdurchlässigen Behälter kühl und feucht lagern, damit sie mürbe werden.

Für etwa 1100 g Teig
Zubereitung: ++

4 Eier

1 Prise Salz

500 g Puderzucker

500 g Mehl

abgeriebene Schale von
　　1 Zitrone

1 TL Anissamen, grob
　　zerstoßen

Spekulatius

Butter und Zucker rasch miteinander verrühren, dann das Ei einrühren. Mehl mit Mandeln, Spekulatiusgewürz und Salz mischen und dazugeben. Alles vermengen, bis eine streuselige Masse entstanden ist. Dann nur so viel Milch dazugeben, dass sich der Teig verbindet. Er sollte nicht klebrig werden. Teig zu einer Kugel formen, in Frischhaltefolie wickeln und mindestens 2 Stunden im Kühlschrank ruhen lassen.

Backofen auf 200 °C Ober-/Unterhitze vorheizen. Ein Backblech mit Backpapier auslegen. Spekulatiusmodel mit Mehl ausstreuen und das überschüssige Mehl abklopfen. Teig auf der bemehlten Arbeitsfläche 3 mm dick ausrollen. Eine Teigplatte in der Größe der Model abschneiden und darauf festdrücken. Überschüssigen Teig mit einem scharfen Messer abschneiden. Spekulatius aus der Model stürzen und auf das Backpapier legen. Dünn mit Milch bepinseln. Auf mittlerer Schiene 10 Minuten backen. Spekulatius herausnehmen und abkühlen lassen.

Tipp Wer keine Model besitzt, kann aus dem Teig auch Plätzchen mit einem Ausstecher ausstechen oder den Teig ausrollen und in Rechtecke schneiden.

Für etwa 100 Stück
Zubereitung: ++
160 g kalte Butter
300 g feiner brauner Zucker
1 Ei
600 g Mehl
50 g gemahlene Mandeln
15 g Spekulatiusgewürz
¼ TL Salz
5–6 EL Milch

Marzipanbrote

Für die Marzipanmasse Marzipan und Puderzucker möglichst rasch miteinander verkneten. Wichtig dabei ist, dass alle Schüsseln und Geräte ganz sauber sind, damit das Marzipan bei der Lagerung nicht anfängt zu gären. Backofen auf 250 °C Oberhitze vorheizen. Ein Backblech mit Backpapier auslegen.

Von der Marzipanmasse je 30 g abnehmen und zu einer Kugel formen. Die Kugel zu einem länglichen Brot formen und auf das Backpapier legen. Mit einem Messer die Oberseite mehrfach quer einritzen. Auf mittlerer Schiene 2–3 Minuten backen, bis die Brote leicht gebräunt sind. Herausnehmen und abkühlen lassen.

Schokoladenmarzipanbrot Besonders fein schmeckt das Marzipanbrot, wenn es nach dem Backen mit temperierter Schokolade (Seite 7) oder Kuvertüre überzogen wird.

Marzipankartoffeln Aus der Marzipanmasse haselnussgroße Kugeln formen und in Kakao wälzen. Ergibt etwa 60 Stück.

Gefüllte Marzipankartoffeln Je 20 g Marzipanmasse abnehmen und auf auf einem Stück Frischhaltefolie oder Backpapier zu einem Kreis von etwa 7 cm Ø flach drücken. Aus 120 g Nugat kleine Kugeln formen und auf das Marzipan legen. Marzipan um das Nugat schlagen und zu einer glatten Kugel rollen. Ergibt etwa 30 Stück.

Für etwa 20 Stück
Zubereitung: +
400 g Marzipanrohmasse
200 g Puderzucker

Mini-Panettone mit Sauerteig

🥄 Mehl, Hefe, Zucker, Eigelbe, Vanille, Salz, Butter, Milch, Sauerteigextrakt, Zitronen- und Orangenschale in einer Schüssel verrühren und dann 5–10 Minuten verkneten. Die restlichen Zutaten anschließend dazugeben und nur so lange kneten, bis sie gleichmäßig verteilt sind. Den Teig abgedeckt an einem warmen Ort 2 Stunden gehen lassen.

🥄 Mini-Panettone oder Muffin-Formen ausbuttern. Den Teig in die Formen geben. Nicht zu voll machen, der Teig geht sehr auf. Abdecken und weitere 30 Minuten gehen lassen. Backofen auf 180 °C Ober-/Unterhitze vorheizen. Auf mittlerer Schiene 20 Minuten backen. Herausnehmen und abkühlen lassen.

Tipp Die fertigen Panettone sehen besonders hübsch aus, wenn man sie mit einer Papiermanschette ummantelt und eine Schleife darumbindet.

Für etwa 20 Stück
Zubereitung: ++

500 g Mehl
1 Päckchen Trockenhefe
100 g Zucker
4 Eigelb
¼ TL gemahlene Vanille
½ TL Salz
100 g Butter, zerlassen
200 ml Milch
15 g Sauerteigextrakt
   (Bioladen)
abgeriebene Schale von
   1 Zitrone
abgeriebene Schale von
   1 Orange
100 g Rosinen
50 g Korinthen
50 g Zitronat
50 g Orangeat

Rumkugeln

ohne Backofen

Butter mit Puderzucker schaumig schlagen. Schokolade über dem Wasserbad (Seite 7) schmelzen. Herunternehmen und mit dem Rum unter die Buttermischung rühren. Die Masse für 1–2 Stunden in den Kühlschrank stellen. Zu Kugeln formen und in Schokoladenstreusel wälzen (Foto, Mitte).

Kokoskugeln Rum durch Kokoslikör ersetzen und 300 g weiße Schokolade nehmen. Die Kugeln in Kokosraspel wälzen (Foto, unten).

Orangenkugeln Rum durch Grand Marnier ersetzen und die Kugeln in Puderzucker wälzen.

Espressokugeln Rum durch Kahlúa ersetzen und die Kugeln in Kakao wälzen.

Amarettokugeln Rum durch Amaretto ersetzen und die Kugeln in zerbröselten Amarettini wälzen (Foto, oben).

Tipp Probieren Sie weitere Varianten mit Ihrem Lieblingslikör oder -schnaps. Bedenken Sie: Je heller die Schokolade, desto süßer und desto weicher ist sie.

Für etwa 40 Stück
Zubereitung: +
100 g weiche Butter
100 g Puderzucker
280 g Schokolade
  (60–70 % Kakaoanteil)
4 EL Rum
Schokoladenstreusel

Weihnachtssterne

🥨 Butter rasch mit dem Puderzucker verkneten. Vanille und Eigelbe (oder Ei) einarbeiten. Mehl und Salz auf einmal dazugeben. Alles zu einem festen Mürbeteig verkneten. Ist der Teig zu bröselig, 1–2 EL kaltes Wasser oder Milch hinzufügen, ist er zu klebrig, etwas Mehl. Zu einer Kugel formen, in Frischhaltefolie wickeln und mindestens 2 Stunden im Kühlschrank ruhen lassen.

🥨 Backofen auf 180 °C Ober-/Unterhitze vorheizen. Ein Backblech mit Backpapier auslegen. Teig auf der bemehlten Arbeitsfläche etwa 5 mm dick ausrollen. Sterne von etwa 8 cm Ø ausstechen. Auf das Backpapier legen und mit Mini-Ausstechern (z. B. Kreis, Stern, Herz) aus den Sternen Muster ausstechen. Die Fruchtbonbons hacken und die Stückchen in die Aussparungen legen. Auf mittlerer Schiene 10 Minuten backen. Weihnachtssterne herausnehmen und abkühlen lassen.

Tipp Der Teig hält sich im Kühlschrank etwa 4 Tage, lässt sich also gut vorbereiten.

Christbaumschmuck Aus Mürbeteig lässt sich auch wunderhübscher Christbaumschmuck backen. Es gibt beispielsweise spezielle Ausstecher für Christbaumkugeln. Jedoch sehen auch z. B. Sterne, Glocken oder Herzen schön aus, wenn man sie weihnachtlich verziert und den Baum damit schmückt. Nicht vergessen, vor dem Backen ein Loch zum Aufhängen in die Kekse zu stechen. Ich mache das mit einem Strohhalm (Foto Seite 148/149).

Adventskalender Mürbeteig wie auf Seite 10 beschrieben herstellen. Teig 3 mm dick ausrollen und 24 Kekse (z. B. Kreise, Herzen, Sterne, Tannenbäume, Monde) ausstechen. In jeden Keks – am besten mit einem Strohhalm – ein kleines Loch zum Aufhängen stechen. Kekse auf ein mit Backpapier belegtes Blech legen und bei 180 °C Ober-/Unterhitze 8–9 Minuten backen. Herausnehmen und abkühlen lassen. Auf jedes Plätzchen mit Zuckerschrift eine Zahl von 1 bis 24 schreiben. Die Plätzchen mit Bändern über eine Stange oder an eine dicke Kordel hängen.

Für etwa 50 Stück
Zubereitung: ++

200 g kalte Butter, in
    Stückchen
100 g Puderzucker
¼ TL gemahlene Vanille
2 Eigelb
    (oder 1 Ei, Größe S)
330 g Mehl
¼ TL Salz
etwa 60 bunte
    Fruchtbonbons
    (z. B. Campino)

Basics

Infos, Tipps & Tricks

Eier

+ *Eiweiß* kann 3 Tage im Kühlschrank aufbewahrt oder 3 Monate eingefroren werden. Macht man das im Eiswürfelbehälter, kann es portionsweise entnommen werden.
+ *Eigelb* sollte innerhalb von 1 Tag verbraucht werden. Zum Aufbewahren im Kühlschrank legt man Frischhaltefolie direkt auf die Oberfläche oder bedeckt das Eigelb mit etwas Wasser.
+ *Eier trennen* Eier lassen sich am besten trennen, wenn sie gekühlt sind.
+ *Eiweiß steif schlagen* Fettrückstände an Schüsseln und Schneebesen verhindert das Steifwerden. Das Eiweiß sollte Zimmertemperatur haben, bevor man bei niedriger Geschwindigkeit mit dem Schlagen beginnt und dann langsam schneller wird. Ich nehme dafür die Küchenmaschine oder das Handrührgerät. Mit dem Schneebesen hat man zwar eine bessere Kontrolle und kann die Konsistenz besser einschätzen, aber das Aufschlagen von Hand ist sehr anstrengend. Sobald das Eiweiß steif wird, den Zucker nach und nach einrieseln lassen. Wenn die Masse schön glänzt und sich Spitzen bilden, ist der Eischnee fertig.
+ *Eigelb aufschlagen* Oft wird Eigelb mit Zucker aufgeschlagen, bis eine hellgelbe Creme entstanden ist. Das dauert auf höchster Stufe des Handrührgeräts etwa 5 Minuten.
+ *Plätzchen mit zusätzlichem Eiweiß* Amarettini (Seite 19), Japonaisküsschen (Seite 33), Baiser (Seite 35), Financiers (Seite 36), Kokosmakronen (Seite 41), Apfelriegel (Seite 48), Pinienkugeln (Seite 49), Italienische Nussbrocken (Seite 51), Marzipanmakronen (Seite 52), Möhrenmakronen (Seite 55), Knusprige Mandelstangen (Seite 62), Pistazienbrot (Seite 74), Gefüllte Macarons (Seite 80), Heidelbeer-Cupcakes (Seite 94), Glückskekse (Seite 97), Schoko-Cupcakes (Seite 98), Käsekuchenwürfel (Seite 113), Zimtsterne (Seite 150), Nussmakronen (Seite 159)
+ *Plätzchen mit zusätzlichem Eigelb* Canneles (Seite 30), Mandelkrönchen (Seite 56), Pekannusshappen (Seite 58), Kokos- und Nusswürfel (Seite 64), Sesammonde (Seite 72), Mini-Maracuja-Tarteletts (Seite 90), Petits Fours mit Ahornsirup (Seite 93), Mini-Tiramisu-Kuchen (Seite 123), Hefeschnecken mit Safranfüllung (Seite 126), Mohnrollen (Seite 128), Ochsenaugen (Seite 153), Vanillekipferl (Seite 154), Linzer Plätzchen (Seite 157), Husarenkipferl (Seite 160), Mini-Panettone (Seite 179)

Mehl

+ Zum Backen wird meist *Weizenmehl* verwendet. Es eignet sich besonders gut für Gebäck, weil es viel Gluten enthält, das für die Elastizität und den Zusammenhalt des Gebäcks sorgt.
+ Ich tausche manchmal Weizenmehl durch *Dinkelmehl* aus und finde keinen großen Unterschied beim Endergebnis. Man kann auch nur einen Teil des Weizenmehls austauschen, dann reicht der Glutenanteil meist aus, um die Konsistenz zu erhalten. Im Bioladen gibt es sogar Mehlmischungen, die vollständig *glutenfrei* sind. Sie bestehen meist aus Stärke, Mais-, Reis- und Guarkernmehl. Das Backergebnis unterscheidet sich mit diesen Mehlen etwas vom Originalrezept, hat aber bei mir immer geschmeckt.
+ *Vollkornmehl* unterscheidet sich durch den Ausmahlungsgrad, es ist grober und saugt mehr Flüssigkeit auf, was durch die Zugabe von Milch oder Wasser ausgeglichen wird.

Zucker

+ Außer *Haushaltszucker* wird zum Backen häufig auch *Puderzucker* verwendet, weil er sich besser auflöst und im Teig verteilt. *Brauner Zucker* und *Muscovadozucker* geben Gebäck und Küchen einen karamelligen Geschmack und eine schöne Färbung, ebenso *Melasse* und *Zuckerrübensirup*.

+ *Honig, Ahornsirup* oder *Agavendicksaft* sind zum Süßen ebenfalls geeignet, bringen aber einen relativ starken Eigengeschmack mit. Ich verwende sie gern in nussigem, kräftigen Gebäck.
+ *Sirup,* beispielsweise *Holunderblüten-* oder *Rosensirup,* kann man selbst machen. Es gibt sie aber auch fertig zu kaufen. Sie liefern ein feines Aroma.

Triebmittel

+ *Backpulver* sollte vor dem Zufügen zum Teig immer gut mit den anderen trockenen Zutaten vermischt werden, sonst verteilt es sich nicht gleichmäßig – dann entstehen große Luftblasen, und das Gebäck fällt nach dem Backen zusammen. Zu viel Backpulver erzeugt einen bitteren Geschmack.
+ *Natron* treibt im Vergleich zu Backpulver etwa viermal so stark. Es wird verwendet, wenn der Teig eine saure Zutat enthält (z. B. Zitronensaft, Essig, Sauerrahm, Buttermilch, Honig, brauner Zucker oder Schokolade), denn es reagiert mit Säure und neutralisiert sie.
+ *Hirschhornsalz* und *Pottasche* werden heute nur noch selten verwendet, z. B. für Lebkuchen.
+ *Hefe* gibt es als Frisch- und als Trockenhefe. Um sich zu entfalten, braucht sie Flüssigkeit (Milch oder Wasser), Wärme und Nahrung (Zucker oder Mehl). Hefeteige sollten lange geknetet werden und brauchen Zeit zum Aufgehen.

Backfett

+ *Butter* verleiht Gebäck einen zarten Geschmack. Im Supermarkt findet man Süßrahmbutter, Sauerrahmbutter und mild gesäuerte Butter. Zum Backen sind alle geeignet, jedoch ist Süßrahmbutter im Geschmack sahniger, sodass ich sie bevorzuge.
+ *Fettreduzierte Buttersorten* enthalten mehr Wasser und sind dadurch kalorienärmer. Es ist zwar möglich, sie zum Backen zu verwenden, jedoch verändert das die Konsistenz des Teiges.

+ *Weiche Butter* (Zimmertemperatur) lässt sich schaumig schlagen. Die so entstandenen Luftbläschen dehnen sich dann beim Backen aus.
+ *Kalte Butter* wird zur Herstellung von Mürbeteigen verwendet.
+ *Margarine* kann im Gebäck Butter ersetzen. Der geschmackliche Unterschied wird jedoch umso deutlicher, je fetthaltiger das Gebäck ist. *Pflanzenöl* eignet sich ebenfalls zum Backen, es macht Teige füllig und saftig. Meist verwendet man ein geschmacksneutrales Öl, wie z. B. Sonnenblumenöl.

Milchprodukte

+ Bei *Milch* verwende ich meist Vollmilch mit 3,5–3,8 % Fett, jedoch macht sich ein geringerer Fettanteil kaum bemerkbar. Ob frische oder haltbare Milch verwendet wird, ist dabei egal.
+ Bei *Sahne* spielt der Fettgehalt eine größere Rolle, da er dafür verantwortlich ist, dass sie sich steif schlagen lässt. Ebenso die Temperatur – nur gut gekühlte Sahne wird fest. Am besten kühlt man auch Schüssel und Rührstäbe im Kühlschrank vor – besonders im Sommer.
+ *Joghurt*, *Frischkäse* und *Quark* spielen eher in Füllungen eine Rolle. Eine Ausnahme ist der Quark-Öl-Teig, für den ohne Weiteres auch Magerquark verwendet werden kann.

Gewürze & Aromen

+ Vanille ist beim Backen die absolute Nummer eins. Sie harmoniert mit fast allen Zutaten und verfeinert jedes Gebäck. *Vanilleschoten* eignen sich besonders gut, um Flüssigkeiten zu aromatisieren. Spült man die Schote nach dem Verwenden heiß ab, kann man sie bis zu zehnmal wiederverwenden. In Teigen und Füllungen verwendet man meist *gemahlene Vanille* oder *Vanillemark*. *Zimt*, *Muskat*, *Ingwer*, *Kardamom* und *Gewürznelken* sind vor allem in der Weihnachtsbäckerei nicht wegzudenken. *Alkoholische Getränke* werden ebenfalls gern zum Aromatisieren verwendet. Beim Backen verfliegt der Alkohol, nur das Aroma bleibt im Gebäck zurück. Geeignet sind Liköre wie Kahlúa, Amaretto und Grand Marnier oder auch Weißwein, Rum und Whiskey. *Zitronen- und Orangenschale* gibt Gebäck eine frische Note. Die Früchte sollten dafür unbehandelt sein und vor der Verwendung heiß abgespült werden. Die weiße Haut unter der Schale darf man nicht abreiben – sie schmeckt bitter.

Handwerkszeug

+ *Spritzbeutel* sind fürs Plätzchenbacken unerlässlich. Man kann Wegwerfspritzbeutel kaufen oder wiederverwendbare aus Stoff oder Silikon. Im Notfall eignet sich auch ein Gefrierbeutel, von dem man eine passende Ecke abschneidet. Zu den Beuteln gibt es Tüllen in verschiedenen Größen und Formen. Zum Einfüllen der Masse den Beutel in ein hohes Gefäß stellen und die Seiten umschlagen.
+ Man muss nicht unbedingt eine *Küchenmaschine* besitzen, um einen geschmeidigen Teig herzustellen. Sie ist aber sehr praktisch, z. B. beim Kneten von Hefeteig oder Kaltschlagen einer Masse. Ein gewöhnliches *Handrührgerät* reicht aber vollkommen aus. Bei festeren Teigen verwendet man die Knethaken, bei weicheren die Rührbesen. *Schneebesen* sollte jeder im Haus haben, am besten in unterschiedlichen Größen.
+ *Teigspatel* aus Silikon verwendet man beim Vermengen von Massen oder beim Unterheben von Eischnee. Sie sind auch hilfreich, um den Teig aus der Schüssel zu bekommen.
+ *Ausstechformen* gibt es mittlerweile in allen möglichen Formen, von der Babyflasche über den Eiffelturm bis hin zum Golfschläger. Das ist nett, wenn man für bestimmte Anlässe bäckt. Klassiker wie Herzen oder Sterne sind jedoch auch sehr schön, und man bekommt den Teig leicht aus dem Ausstecher heraus. Taucht man diesen vorher in Mehl, bleibt auch nichts kleben. Wer keinen Ausstecher besitzt, kann ein Glas verwenden oder sich aus Pappe Schablonen basteln. Damit Ausstechformen ihre Form behalten, sollte der Teig vorher gekühlt werden.

Plätzchen-Backtipps

+ Lieber beim ersten Blech viel *Abstand zwischen den Plätzchen* lassen, denn man weiß nie genau, wie sehr sie auseinanderlaufen. Plätzchen nach dem Backen kurz auf dem Blech ruhen lassen und dann auf einem Kuchengitter vollständig *auskühlen lassen.* Je heißer sie sind, desto leichter brechen sie. Zum *Portionieren von Plätzchen,* die vor dem Backen als Kugeln gerollt werden oder als Häufchen auf Backpapier gesetzt werden, eignet sich ein Eiskugelportionierer. Die Kekse werden damit gleich groß, und man kann den Teig besser verteilen. Feste Teige lassen sich zum Portionieren zu einer Rolle formen und in Scheiben schneiden.

Aufbewahrung und Haltbarkeit

+ Plätzchen sollten nach dem Abkühlen möglichst in einer *luftdichten Dose* gelagert werden.
+ Wenn man sie in Tüten verpackt, kann man Luft mit einem Strohhalm herausziehen: Einfach den Strohhalm hineinstechen, Draht oder eine Schnur darumwickeln, die Luft heraussaugen und den Verschluss schnell zuziehen. Plätzchen, die weich werden sollen, müssen manchmal offen gelagert werden, damit sie Feuchtigkeit aus der Raumluft aufnehmen können. Man kann aber auch einen Apfelschnitz mit in die Dose legen. Die meisten Plätzchen sind *mindestens zwei Wochen haltbar,* viele sogar länger.

Einfrieren

+ Die meisten Plätzchen und Kleingebäcke lassen sich sehr gut einfrieren (etwa 6 Monate). Man kann sie dann in kleinen Mengen entnehmen. Letzte Arbeitsschritte wie Belag oder Dekoration sollten immer frisch gemacht werden. Auch ungebackener Teig lässt sich einfrieren, am besten schon in die gewünschte Form gebracht. Plätzchen sollten am besten auf einem Stück Backpapier eingefroren und erst verpackt werden, wenn sie gefroren sind. Will man sie sofort nach dem Herausnehmen backen, verlängert sich die Backzeit.

Plätzchen dekorieren

+ Im Supermarkt gibt es eine große Auswahl an Zuckerstreusel, -perlen, -blumen oder -schrift. Auch Schokoladendeko ist in allen Formen erhältlich, ebenso fertig geformte Marzipandekoration. Man kann sich die Garnituren aber auch selbst basteln, beispielsweise aus Zuckerguss (siehe unten), den man in allen Farben einfärben kann. Aus Marzipan und Fondant kann man mit speziellen Formen, die in die Masse hineingedrückt wird, richtige Kunstwerke herstellen.
+ Oft sind diese süßen Verzierungen zwar wunderschön, aber nicht immer schmecken sie auch so gut. Mit Nusskernen, Mandeln, Kokosflocken, geschmolzener Schokolade, Cremes oder Trockenfrüchten kann man einen Keks gleichzeitig schmackhaft und hübsch dekorieren! Zum Anbringen der Verzierung eignet sich ein Klecks Zuckerguss oder etwas geschmolzene Schokolade.

Zuckerguss

+ 2 Eiweiß (60 g), 2 TL Zitronensaft und 330 g Puderzucker verrühren, nach Belieben mit Lebensmittelfarbe einfärben. Ist die Masse zu dünn, mehr Puderzucker zufügen. Ist sie zu dick, mehr Eiweiß oder Zitronensaft. Zuckerguss sollte sofort verarbeitet werden, weil er schnell eintrocknet.

Verpacken und Verschenken

+ Plätzchen eignen sich wegen ihrer Haltbarkeit sehr gut zum Verschenken und lassen sich zudem gut verpacken. Man kann sie in gekauften oder selbst gebastelten Verpackungen verschenken, in Metalldosen, Pappschachteln oder Tüten. Ein einfaches Cellophantütchen sieht mit einer schönen Schleife oder einem hübschen Etikett toll aus. Muffins oder andere kleine Kuchen kann man verschenken, wenn man sie in einem Einmachglas bäckt. Dann das Glas sofort nach dem Herausnehmen aus dem Ofen verschließen, wenn der Kuchen noch heiß ist. So bleibt er saftig.

+ Gefüllte Plätzchen kommen immer gut an. Wer wenig Zeit hat, nimmt einfach Marmelade, Nutella oder 1 Kugel Eis. Klassische Füllungen eignen sich für alle Arten von Mürbeteigkeksen, aber auch Baiser oder Cookies:
+ *Dulce de Leche:* 1 l Milch, 150 g Zucker, 2 EL Ahornsirup, ½ TL Natron, ¼ TL Salz und ¼ TL gemahlene Vanille in einen großen, schweren Topf geben. Die Masse wallt stark auf. Bei mittlerer Hitze unter Rühren aufkochen. Hitze etwas reduzieren. Unter ständiger Beobachtung und gelegentlichem Rühren 45–60 Minuten auf etwa 300 ml einkochen.

+ Eine einfachere Möglichkeit Dulce de Leche herzustellen ist, eine Dose mit gezuckerter Kondensmilch in einem Topf mit Wasser 3–4 Stunden kochen zu lassen und dabei immer wieder Wasser nachzugießen, weil es verdampft. Am besten gleich mehrere Dosen auf einmal einkochen, die fertige Dulce de Leche ist beinahe ewig haltbar.

+ *Schokotrüffel* 200 g Sahne aufkochen, vom Herd nehmen und über 250 g gehackte Schokolade (70 % Kakaoanteil) gießen. 2 Minuten ruhen lassen, dann rühren, bis die Schokolade geschmolzen ist. 40 g weiche Butter in Flöckchen dazugeben und einrühren. Bei Zimmertemperatur abkühlen lassen.
+ *Buttercreme* 240 g weiche Butter und ½ TL gemahlene Vanille schaumig schlagen. 200 g Puderzucker nach und nach dazugeben, dann 1 EL Milch. Alles aufschlagen, bis eine lockere Creme entstanden ist. Ist sie zu dick, noch 1 EL Milch dazugeben. Ist sie zu weich, etwas mehr Puderzucker.
+ *Erdnussbuttercreme* 100 g Schokolade (50–60 % Kakaoanteil) über dem Wasserbad (Seite 7) schmelzen. 250 g Erdnussbutter und 50 g Puderzucker vermengen und die geschmolzene Schokolade unterrühren.
+ *Mascarponefüllung* 200 g Mascarpone mit 1 EL Zucker, 2 EL Sahne und ¼ TL gemahlener Vanille cremig rühren.

Einkaufsadressen

+ Große Auswahl an Backutensilien gibt es bei Backfun.de.
+ Tortissimo.de hat die größte Auswahl an Ausstechformen.
+ Bei meincupcake.de gibt es wunderschöne Papierförmchen für Muffins, aber auch andere hübsche Kuchendekorationen, auch Verpackungen.
+ Bei nycake.com bekommt man alles, was man sich nur vorstellen kann.
+ Nostalgieimkinderzimmer.de würde ich am liebsten plündern, damit ich für meine Fotos noch mehr schönes Geschirr, Handtücher oder andere Dekorationen habe.
+ Zutaten besorge ich im Supermarkt, am liebsten im Bio-Supermarkt. Wenn ich etwas Spezielles brauche, gehe ich in einen Feinkostladen oder suche im Internet.
+ Gewürze kaufe ich bei schuhbeck.de. Auch verlässlich: gewuerzkarawane.de.

Register

Die Autorin Annik Wecker, die Frau des Musikers Konstantin Wecker, liebte schon immer alles, was süß ist. Ihr erstes Buch *Anniks göttliche Kuchen* wurde zum Bestseller und 2010 mit dem Gourmand World Cookbook Award als bestes erstes Kochbuch/Deutschland ausgezeichnet. Es folgten *Raffinierte Tartes* in Zusammenarbeit mit Alfons Schuhbeck, *Geschenke aus meiner Küche*, *Anniks göttliche Desserts* und *Meine besten Eisrezepte*. Internetseite Annik Wecker: www.annik.de

DORLING KINDERSLEY
London, New York, Melbourne, München und Delhi

Bibliografische Information Der Deutschen Bibliothek
Die Deutsche Bibliothek verzeichnet diese Publikation in der Deutschen Nationalbibliografie; detaillierte bibliografische Daten sind im Internet über http://dnb.ddb.de abrufbar.

© Dorling Kindersley Verlag GmbH, München, 2012

Programmleitung Monika Schlitzer
Herstellungsleitung Dorothee Whittaker
Redaktion und Lektorat Claudia Krader, München
Gestaltung, Typografie, Realisierung Catherine Avak, München
Gesetzt aus der Novel Sans von Christoph Dunst
Repro Repro Ludwig Prepass & Multimedia GmbH, Zell am See
Druck und Bindung Firmengruppe Appl, aprinta Druck, Wemding

ISBN 978-3-8310-2191-8

Besuchen Sie uns im Internet
www.dorlingkindersley.de